Saito Takashi
齋藤 孝

子どもの人間力を高める三字経

致知出版社

はじめに

これから読んでいく『三字経《さんじきょう》』は中国の宋代に作られた初学者向けの教科書です。三字四行を基本として一つの話が構成され、学ぶことの大切さや儒教の徳目《とくもく》、また中国の歴史などについて触れています。一行が三字で終わるという簡潔さもあって、中国では今でも子ども用の啓蒙書として広く知られているようです。

『三字経』を通読して目につくのは、「爾小生《なんじしょうせい》」「爾幼学《なんじようがく》」というような呼びかけの言葉が多用されていることです。「君たち、若い者たちよ」「幼くして学ぶ者たちよ」と、何度も呼びかけているのです。話の内容としては、別に呼びかけは必要ないように思われるのですが、それを敢えて入れているのは、子どもたちの学びへの意識を喚起するためだと考えられます。『三字経』を読んでいる人は、「君たち、若い者たちよ」といわれるたびに、自分が名指しされているような感覚になり、ドキッとするのでしょう。

同時に「この人は何歳でこんな立派なことをした」という話がたくさん出てきます。自分とほとんど同い年の人間が――それもまだ年若い人間が――すでに勉強や仕事で認められていると教えられたら、どう思うでしょうか。世の中で身を立てたいという志を持つ人であれば、

「自分も急がなければ」「頑張らなくては」「もっと勉強しなくては」というように、やる気が奮《ふる》い起こされるに違いありません。

そういった読者が思わずドキドキしてしまうような呼びかけや逸話を挟みながら、子どもたちに学ぶ大切さを教えていこうとしているところが『三字経』の面白さの一つではないかと私は思います。

また、『三字経』のもう一つの面白さは、冒頭に述べたように一行が漢字三字でまとまっているということです。三字というのは、頭に入りやすいのです。私は、三というのは神の数字だと思っています。三でまとめればすべてうまくいくという強い信仰を持っていて、『アイディアの神が降りてくる「3」の思考法』（朝日新書）という本まで出しました。

信号も赤・青・黄の三色ですし、「真・善・美」「心・技・体」というように三文字で通していくことでリズムがよくなり、印象に残りやすくなるのです。私はNHK Eテレの『にほんごであそぼ』という番組の総合指導をやっているのですが、子どもたちに教えていくときには言葉のリズムが非常に大切です。その点で『三字経』が一行を三文字で揃《そろ》えたというのは、子どもにとって内容が頭に入りやすく、とてもいい方法でした。

日本人でも、漢字三文字の字面を見ただけでも印象が頭に残ります。そして「爾小生」「爾幼学」と何度も繰り返し呼びかけていくことによって、子どもたちの心には「子どもの頃からしっかり学ばないといけない」「学ぶことは大切なんだな」という学びを柱としたアイデンティティが形成されていくわけです。

三字で伝えようとしている内容を見ると、子どもたちへの非常に力強い直接的なメッセージになっているものがある一方で、眠気覚ましに自分の太腿を錐《きり》で突いたというような極端な話も含まれています。そういう極端な例も、子どもにとっては面白いものかもしれません。

もともとは中国で作られた本ですが、『三字経』の根底を流れる「志を持って小さな頃から勉強し続けた人たちが国をつくってきた。だから、みんなも一所懸命学びなさい」というメッセージは、日本の子どもたちにも伝えるべき意味あるものでしょう。そのため、日本でも幕末になると『本朝三字経』という日本版三字経が作られています。

学び続ける人は世の中のためになるし、自分自身も幸福であるという明快なメッセージを『三字経』は送っています。確かに、死ぬまで学び続けることのできた人は幸福に違いありません。このような背骨のしっかりしたメッセージを親から子に伝えていくことができれば、それは子どもの一生を照らす灯りにもなるでしょう。

『三字経』は歴史的に非常に由緒正しい子どものための教科書ですから、日本人が今ここでもう一度『三字経』の教えを共有して「ここまで学ぶ大切さを子どもに繰り返し言い続ける必要がある」と認識するのは意義あることだと思います。大人が「学び続けることは幸福への道なのだ」という考えを持って、それを子どもたちに繰り返し伝えていく。するとそれがやがて共同体の意志になり、社会の骨格となるのです。学ぶことを社会の中心に据えることによって、判断力を持った国民が育ち、良質な民主主義社会の形成にもつながっていきます。

考えてみれば、資源の少ない小さな島国である日本が世界の大国となったのは、国民一人ひとりに学ぶ意識が徹底していたからでしょう。自分たちよりも優れたものがあれば、それを積極的に取り入れ、学び、よりよいものに仕上げていく。それを積み上げてきた結果、今日の豊かな社会ができあがったのです。

しかし今は豊かになりすぎて、またインターネットやSNSなど便利なものが増えすぎて、本を手にしてじっくりと学ぼうとする姿勢が若い人たちの間で薄れてきているようにも見えます。そういう時代であるからこそ、日本人の原点である「学び」の大切さをもう一度思い起こす必要があると思います。本書を手にした方には、『三字経』を通して、学ぶ大切さ、学ぶ楽しさを再確認していただき、それを自分のお子さんたちに伝えていっていただきたいと思います。

なお、『三字経』の中には、中国の子どもたちに教えることを目的に、経書の成り立ちや国の歴史などについて触れた部分があります。これらは「学ぶ大切さを子どもに伝える」という本書の主旨とはやや離れた内容になっています。そのため、本文中では触れず、附録として巻末にまとめて掲載することにしました。ご関心のある方は、目を通していただければ幸いです。
また、本書をまとめるにあたっては、『三字経』本文および訓読を大修館書店ホームページ「漢字文化資料館」より転載いたしました（旧仮名は新仮名に改めました）。また、同ホームページの加藤敏先生の通釈・注、および『三字経の教え』（銭文忠・著／漆嶋稔・訳／日本能率協会マネジメントセンター）を参考にさせていただきました。この場をもちまして御礼申し上げます。

平成二十八年九月

齋藤　孝

子どもの人間力を高める「三字経」

目次

中国古典マメ知識

装　幀——川上成夫
編集協力——柏木孝之

第一章

なぜ学ぶのか、何を学ぶのか

1 習慣が人間をつくっていく

人之初
性本善
性相近
習相遠

人《ひと》の初《はじ》め
性《せい》本《もと》善《ぜん》
性《せい》相《あい》近《ちか》し
習《なら》い相《あい》遠《とお》し

《大　意》

人間のそもそもの初めというものを考えてみよう。
人の性質というものは、もともと善良なものである。
生まれ持った性質は、それぞれ似たようなものである。
とはいえ、学んだことや身についた習慣によって、
良くなったり悪くなったり、能力の差が出てきたりして、
それぞれ遠くに隔たっていくことになる。

《解　説》

性善説《せいぜん》という考え方があります。古代中国の思想家・孟子《もうし》が説いた考え方で、「もともとの人間の性質は悪いようにはできていない」というものです。

この反対の考え方に、孟子と同じ時代の思想家である荀子《じゅんし》の唱えた性悪説《せいあく》があります。ただし、性悪説といっても「人間の性質はもともと悪くできている」というわけではなくて、「人間とは弱い存在だ」といっているのです。

つまり、性善説も性悪説も、人間本来の本質、本性は誰でもそれほど変わらないものだといっているわけです。それなのに実際は、人それぞれずいぶん生き方が違っています。犯罪に手を染める人もいれば、立派な行いをする人もいます。

どうしてそれほど違ってしまうのかと考えると、それは「習い」によるものだと『三字経』は指摘しています。「習い」とは、学習して身につけたもの、あるいは習慣によって身についたものを指しています。

ここにある「性相近し、習い相遠し」というのは『論語』陽貨《ようか》篇にある言葉をとっています。『三字経』は『論語』や『孟子』の中にある考え方を基本にして作られています。とりわけ、「勉強はとにかく大事だ」と学ぶことの大切さを繰り返し説いています。

その冒頭にあるのが、「人間は生まれ落ちた時はそんなに差はないけれども、勉強すると変わってくる」という言葉です。
これは福沢諭吉の『学問のすゝめ』の中にある、
「賢人と愚人との別は学ぶと学ばざるとによりてできるものなり」
という文章と同じ意味です。福沢諭吉はこれを『実語教』にある言葉として紹介していますが、「人というものは生まれではなく学ぶか否かで決まる」という考え方は、孔子を源流として流れ出た大河のように連綿と続いているのです。

最近はＤＮＡが解読できるようになって、遺伝によっていろいろなことが決まるといわれるようになりました。とはいえ、同じような遺伝子を持つ兄弟でも何から何まで同じにはなりません。

また一個人の成長を見ても、「この学校に行ってから雰囲気がガラリと変わった」「この職業についてからしっかりしてきた」「結婚して考え方が変わった」などというように、環境の変化に伴って変わっていくことがよくあります。

人というのは学びや習慣によってどんどん形を変えていき、立派にもなるのです。だからこそ、しっかり勉強をして、自分自身を育てていかなければいけないのです。

この言葉を最初に掲げることによって、『三字経』とは学びを大事にするものだ、というメッセージを打ち出しているといってもいいでしょう。

2　気を散らさずに集中して学ぶ

苟不教
性乃遷
教之道
貴以専

苟《いやし》くも教《おし》えずんば
性《せい》乃《すなわ》ち遷《うつ》る
教《おし》えの道《みち》は
専《もっぱ》らを以《もっ》て貴《とうと》ぶ

《大　意》

本来は善であるはずの人の本性も、
教え導かないとどんどん悪いほうに変わっていってしまう。
だから教えることは大切であるし、
教えを受けて学ぶことも大切である。
そして、教えを受けるときには、
あちこちに気を散らさずに学ぶことに集中する。
これが最も大切である。

《解　説》

もともと人間は善なる性質を持っているはずです。悪いことをしようと思う赤ちゃんはいませんし、いたずらっ子の幼稚園児でも悪事を働こうとは考えません。それなのに、だんだん悪くなってしまう人がいるのはどうしてなのでしょうか。それは、きちんとした教えを受けたことがないからだと、ここではいっています。

少年院の教官をしている方から聞いた話ですが、少年院に入る子の多くは、正しく箸《はし》や鉛筆が持てないというのです。また、集中して本を読むことができない子が多いそうです。彼らは家庭教育の中で箸の持ち方や鉛筆の持ち方、本を読む力といった基本的なことを教えられないまま成長してしまったのです。

きちんと箸を持って食べ、鉛筆を持って書き、本を読むことができるようになるためには、それらの大切さをしっかり教えてくれる人が必要です。

昔、インドの山中でアマラとカマラという狼少女が発見されました。彼女たちは幼い頃、親に捨てられて、狼に育てられたといわれます。そのため、狼のような唸《うな》り声をあげ、四足で歩きました。狼の生活様式を教えられて、狼として育ったのです。

良し悪しを問わず、人間にとって教えの影響力は大きなものです。狼に育てられれば、人は狼のようにもなるのです。

だから、幼い頃からしっかり教えなくてはいけない。そして、教わる側は心を集中して学ばなくてはいけません。「やると決めたら途中で放り出さずに最後までやりなさい」と『三字経』はいっています。それが「専らを以て貴ぶ」という言葉です。

たとえば問題集をやり始めて、最初はやる気になっていたけれど、十ページも進まないうちに「ああ、やめた」というのは「専ら」とはいえません。

身近な例でいうと、勉強の最中に友だちからメールが来て返信しなければと気になって仕方がない。そういうときに、「専ら」でない人は勉強に集中できずについ返信をしてしまいます。それによって勉強を中断してしまうわけです。これではいくら勉強しても身につきません。

善なる性質を引き出すには真剣に学ばなくてはいけません。気を散らしている人はなかなか立派な人間にはなれないのです。

だから「専らを以て貴ぶ」。ＳＮＳ（ソーシャル・ネットワーキング・サービス）などに気を散らさないで、集中して勉強をする時間をつくることが大切だということです。昔も今も、これは変わりません。

3　よい環境に身を置いて継続する

昔孟母
択鄰処
子不学
断機杼

昔孟母《むかしもうぼ》
鄰《となり》を択《えら》びて処《お》り
子《こ》学《まな》ばざれば
機杼《きちょ》を断《た》つ

《大　意》

昔、孟子の母は、
隣の環境を重視して住む家を選んだ。
あるとき孟子が学問を怠って家に帰ってくると、
母は織っている途中の織物を断ち切ってしまった。

《解　説》

孟子は「亜聖」と呼ばれて孔子に次ぐ聖人といわれていますが、その母は非常に教育熱心でした。「孟母三遷」という有名な言葉がありますが、孟子の母は孟子の教育のために何度か引っ越しをしています。

最初に住んだ場所は墓場に近かったので、孟子は葬式の真似《まね》をしました。これではだめだと次に市場の近くに引っ越すと商売の真似をしました。そこで三度目に学校の側に引っ越すと、礼儀を学ぶようになったというのです。

この逸話は、子どもは環境の影響を受けやすい、だから子どもの教育には環境が大事だと教えています。

また、ある日、孟子が学問を怠けて帰ってきたのを見た母親は、織りかけの織物を断ち切ってしまいました。それを見た孟子は「お母さん！　そんなことをしたら使い物にならないではないですか」と驚いたことでしょう。

なぜお母さんは織物を断ち切ってしまったのでしょうか。それは「学問を途中で止めるのは織りかけの織物を断つのと同じことだ」と孟子に教えるためです。

これは「孟母断機」という話です。ここでは「杼を壊す」といっていますが、要するに「途中で止めて放り出してしまったらものにならない」と教えているのです。

孟母とは「孟子の母」のことですが、その教育熱心ぶりを知ると「猛烈な母」を意味するようにも思えてきます。

ここに挙げた言葉には孟子の母の「環境を選ぶ」「真剣に最後までやる」という教育・学問に対する二つの信念が詰まっています。

孟子の母は、ただ優しいだけではなく、しっかりとした信念を持っていました。だから、孟子が学問を途中で止めることを許しませんでしたし、自分自身も子どものために最高の環境をつくることを常に心がけたのです。

今でも学校選びやお稽古事《けいこごと》の先生を選ぶのは親の大切な仕事です。たとえばピアノの先生が子どもに合わないと思えば、別の先生を探してみる。先生を替えたら子どもが伸びるということはよくある話です。

孟母は教育ママの原型ですが、親が教育熱心になるのは悪いことではありません。ビートたけしさんもお母さんが大変教育熱心で、常に勉強が大事だといわれていたそうです。その結果、ご兄弟は全員非常に勉強が得意になったということです。

教育ママというと批判されたりもしますが、教育熱心であるのは決して悪いことではないのです。むしろ今のお母さん方には「孟母にならえ」と勧めたいくらいです。

4　教育には厳しさが必要

竇燕山
有義方
教五子
名倶揚

竇燕山《とうえんざん》
義方《ぎほう》有《あ》り
五子《ごし》を教《おし》え
名倶《なとも》に揚《あ》ぐ

《大　意》

唐が滅びて五つの王朝が次々と現れ、
中国を支配していた五代という時代がある。
その五代の末に竇燕山《とうえんざん》という人物がいた。
彼は人間としてなすべき正しい規範をよく理解して守っていた。
竇燕山には五人の子どもがいたが、
父親の厳しい教えを受けて全員立派な人物になった。

養不教
父之過
教不厳
師之惰

養《やしな》いて教《おし》えざるは
父《ちち》の過《あやま》ちなり
教《おし》えて厳《げん》ならざるは
師《し》の惰《おこたり》なり

《大　意》

我が子を食べさせ、生活させていくことだけが
父親の務めだと思ったら大間違いである。
我が子をしっかり教え導こうとしないのは、
父親としては十分ではない。
教えるときに厳しくしないというのは、
教師として怠慢というべきである。

《解　説》

前項では孟子の母の話から母親の務めについて述べていますが、今度は竇燕山《とうえんざん》という人が五人の子どもを立派にしたという話を引用しながら、父親の役割について述べています。ここで教えているのは、父親はお金を稼いで家族を養えばいいというものではなくて、しっかり子どもの教育を行わなければならないということです。

かつて「父親の不在」ということが盛んにいわれた時代がありました。父親は働くだけで家のことはすべて母親に任せ、父親に存在感がないといわれたのです。

元来、家には厳しい父がいて、子どもに生き方や仕事のしかたを教えました。父の教えを通して子どもは成長していくという考え方がありました。それをしない父親は父親の務めを果たしているとはいえないと考えられていたのです。

今はシングルマザーが増えていますが、シングルマザーは大変です。働いて生活費を稼ぎ、母親として子どもの世話をし、さらに父親のように厳しく接していかなくてはならないのですから。

孟母は母でありながら厳しかったのですが、本来は父親の持つ厳格な性質が子どもの自分勝手な振る舞いを抑制するのです。

心理学者のフロイトは、人間には「エス（無意識）」や「リビドー（性衝動）」があり、それだけに任せていると収拾《しゅうしゅう》がつかなくなるといっています。そこで「人を傷つけてはいけない」「盗んではいけない」という規律や規範（これを超自我《スーパーエゴ》といいます）が必要になります。それによってエゴ（自我）の抑制を図るわけです。

そのためには自我をコントロールする規律や規範を子どもの心に根づかせることが必要です。その役割を果たすのが、厳父の存在なのです。「いろいろなことをやってみたい」という爆発するようなエネルギーと、「こうすべきである」「こうしなければいけない」という抑制的な規範の間でバランスよく自我が育つには、厳しい父親的存在がなくてはならない、という考えです。

それは教師の役割でもあります。「教えるときには厳格でなくてはならない」といっていますが、教師と生徒が友達関係のようになってしまい、子どもに注意できないというのは教師失格です。人間関係は温かいほうがいいのですが、やるべきときにはきちんとやるというメリハリをつくるのがよい教師です。

私は大学で教員養成をしていますが、教員に採用される人には、生徒との間にしっかりとした信頼関係が築け、その上で声が大きくて子どもたちをビシッと指導できるという共通点があります。そういうリーダーシップが教師には必要です。教えるということには厳しさが絶対に欠かせないのです。

5 学ぶ習慣は幼いうちにしっかり身につける

子不学
非所宜
幼不学
老何為

子《こ》として学《まな》ばざるは
宜《よろ》しき所《ところ》に非《あら》ず
幼《よう》にして学《まな》ばざれば
老《お》いて何《なに》をか為《な》さん

《大　意》

子どもの頃に勉強しないのは、いいことではない。
幼い頃にしっかり学ばなければ、
年老いてからいったい何ができるというのだろうか。
子どもの頃に学んでいるからこそ、
年をとってからなすことがあるのだ。

《解　説》

年老いてから学ぶのでは遅い。老いてから何かをなす人は、子どもの頃からしっかり学んでいるのだといっています。

これは人生全体を見通した言葉といっていいでしょう。幼い頃から学びを習性にし、学びを背骨にして前向きに生きるという人生観を持つ大切さを教えています。この言葉からは、人の一生とは人格形成をし続けることであり、それは学びを通してのみ実現できるという強い信念が感じられます。

「鉄は熱いうちに打て」といいますが、幼い時期に学ぶ習慣を身につけると、一生を前向きに、向上心を持って過ごすことができるのです。この向上心という言葉は明治・大正の時代に大変重視されました。

夏目漱石の『こゝろ』という小説の中には、「私」が親友のKに対して「精神的に向上心のないものは馬鹿だ」という場面があります。当時は、向上心がない状態は人としてダメ、という考え方があったのです。向上心は人が生きていくうえでの柱になっていたのです。

向上心とは、わからなかったことがわかるようになる、できなかったことができるようになることだといってもいいでしょう。

できないとつまらない。でも、向上心を持って頑張っていると、できるようになる。すると達成感が湧いてくるのです。

そのとき脳内では、満足感を得られたときに出るドーパミンという物質が働き、それによって気持ちがよくなります。この気持ちよさをまた味わおうと、次のチャレンジをしてみたくなるのです。

こうした体験を子どもの頃に積んでおくと、大人になって難題が目の前にきたときにも、怖がらずにチャレンジして、乗り越えることができるのです。

挑戦し、乗り越えるところまでが一つのサイクルとして習慣になるのです。こういう人は向上心が技として身についていますから、生きていくのが非常に楽になります。

私が東京大学法学部時代に周りを見渡して思ったのは、「勉強がストレスになっている人は一人もいない」ということでした。どんな難問でもストレスを感じず、「こうやればできるはず」と淡々と努力をするのです。おそらく、本人には「努力をしている」という意識すらないはずです。幼い頃からそうやって学ぶ習慣ができているのです。

それが仕事にも生きています。だから五十歳を過ぎて仲間で集まっても、誰も「仕事が大変だ」とはいいません。幼い頃から学んでくると、どんなにたくさん仕事をしても「つらい」とは思わない。そういう前向きな気持ちが培われているからです。

「鉄は熱いうちに打て」というのはまさしく真理です。

6　人の素質は教えられ、学ぶことによって開花する

玉不琢
不成器
人不学
不知義

玉《たま》琢《みが》かざれば
器《き》を成《な》さず
人《ひと》学《まな》ばざれば
義《ぎ》を知《し》らず

《大　意》

どんなに素晴らしい天然の原石でも、
磨かなければきれいな器にはならない。
それと同じように、
どんなに素晴らしい素質を持った人でも、
学ばないと人としての義《ただ》しさを知ることができない。

《解　説》

「玉」とは宝石などの宝物のことですが、そういったものも原石のままで磨かなければ光り輝きませんし、使い物にはなりません。これは人も同様で、学ばなければ「義」、つまり人として義《ただ》しく生きる倫理観を持つことはできません。義は生まれつき備わっているものではなく、学ぶことによって身についていくものだからです。

世の中を生きていくうえでは、「義を守る」「義を通す」というように道理を知ることが欠かせません。道理とはいいかえれば社会性のことです。人間社会で生きていくルールです。そんな社会性の足りない人というのは、学びが足りないのです。

江戸時代には寺子屋で漢文の素読を通して人間を磨きました。明治になると西洋流の学校制度を取り入れて、日本全国に学校ができました。「何時に学校に行くか」を子どもも大人も意識するようになり、日本人は時間感覚を持つようになったのです。

学校システムは西洋発祥ですが、小学校教育が一番発達したのは日本でした。輸入したシステムだったにもかかわらず、今では日本は世界で最も学校制度の確立された社会として評価されるほど定着しています。

この学校が人間づくりの核となり、原石を磨いて美しい玉にする場所となりました。日本人は小学校の六年間で「ちゃんと挨拶をする」「授業中は座って先生の話を聞く」「起立！　といわれたら真っ直ぐ立つ」「給食は残さずに全部食べる」「自分たちの教室は自分たちできれいにする」といったことが誰でもできるようになったのです。

世界を見れば、清掃活動は清掃員に任せてしまうという国もあります。しかし、日本の学校教育は「お掃除の時間」を重視しました。自分たちの使う教室や校舎を自分たちできれいにするという意識を子どもたちが身につけることが人格形成につながるという考えがあったからです。

実際に、そのように小学校六年間を過ごすと、野放図《のほうず》であった子どもも立派になって、一応の礼儀を身につけることができました。

日本には明治時代から立派な小学校の先生がたくさんいました。『二十四の瞳』などでもわかるように、先生は生徒だけでなく大人たちからも尊敬されていました。

人の素質をＤＮＡと考えれば、それは教えられ学ぶことを通して開花します。だから人としてなすべきことを身につけるためには、それを教え学ぶ環境が必要なのです。日本では、その役割を小学校教育が果たしました。小学校六年間を通して、子どもは人としての常識を身につけたのです。

7 勉強の前に、まず礼儀がある

為人子
方少時
親師友
習礼儀

人《ひと》の子《こ》と為《な》りては
少《わか》き時《とき》に方《あた》りて
師友《しゆう》に親《した》しみ
礼儀《れいぎ》を習《なら》え

《大　意》

人の子であるならば、
若い頃にはよい先生、よい友人に出会って、
学び、親しむことが大事だ。
そして、しっかり礼儀を習わなくてはいけない。

《解　説》

若い頃にしっかり礼儀を習いなさい、という教えです。

礼儀の基本は挨拶。友達にちゃんと挨拶できるのも大切な礼儀ですし、先生の話を姿勢正しく聞くのも礼儀の一つです。

私は中学校一校の全生徒を対象に講演会を開くことがありますが、話をしているときに、生徒の姿勢が崩れやすい学校と全く崩れない学校とがあるのです。それには地域の教育力、中学校の教育力、あるいは中学に入る前の小学校の教育力が影響しているようです。

中学校の先生方に聞きますと、今は小学校から中学に入ってくる子たちに姿勢の維持がなかなかできない、集中力が維持できないという子が増えていて、小学校の質の低下が気になるとおっしゃっていました。

礼儀の基本は、人と接するときの振る舞いにあります。人に会ったら挨拶をする、そして人の話をきっちり聞くことができる、それが「礼儀正しい」ということです。

石川県のある中学校に行ったとき、全校生徒の姿勢がほとんど崩れず、ずっとメモをとりながら聞いているのに驚きました。この生徒のように話をきちんと聞くことができる子どもは礼儀もしっかりできていて、学ぶ集中力もあります。そのとき「こういう子は立派な一生を送るだろう」と思いました。

その中学校での講演で、私は石川県出身の仏教学者である鈴木大拙《だいせつ》の話をしました。それから禅の話をするついでに哲学者の西田幾多郎《きたろう》について触れました。

「中学生のみんなはあまり知らないと思うけれども、西田幾多郎という世界的な哲学者がいて、その人も禅の体験をして日本人の手づくりの哲学をつくったんだよ」と話したところ、「知っている！」という声が上がりました。

実は、石川県は西田幾多郎の出身地でもあったのです。そういう郷土の偉人をちゃんと知っていて、尊敬している。立派な子どもたちが育っているなと感心しました。これは中学校の教育力の賜物《たまもの》でしょう。

そうした礼儀を身につけるためにも、「どんな先生に出会うか」が非常に大事になります。武道では「三年稽古するよりも、三年かけて師を探せ」ともいいます。「どんな先生に学ぶか」が何よりも大事なのです。

同時に「どんな友人に出会うか」も大事です。よい友達に出会うためには、受験をして進学校に入って切磋琢磨《せっさたくま》するような環境に自分を置くというのもいいでしょう。これは自分の可能性を開かせていく一つの手立てになるのではないかと思います。

人は人によって磨かれていくものです。だからこそ、よい師、よい友に出会わなくてはなりません。

8 「孝弟」を大切にすることが人の絆を強くする

香九齢
能温席
孝於親
所当執

香《こう》は九齢《きゅうれい》にして
能《よ》く席《せき》を温《あたた》む
親《おや》に孝《こう》あるは
当《まさ》に執《と》るべき所《ところ》なり

《大　意》

黄香《こうこう》はわずか九歳のときに、
冬になると親の座る席にまず自分が座り、
冷たくなっている席を温めておいた。
このように親に孝行する姿勢は
まさに私たちが身につけるべきところである。

融四歳
能譲梨
弟於長
宜先知

融《ゆう》は四歳《しさい》にして
能《よ》く梨《なし》を譲《ゆず》る
長《ちょう》に弟《てい》あるは
宜《よろ》しく先《ま》ず知《し》るべし

《大　意》

孔融《こうゆう》はわずか四歳のときに、
梨を兄たちに譲ることができた。
このように年長者に譲る心を知らなくてはならない。
この心を「弟《てい》」と呼ぶのである。

《解　説》

香というのは黄香《こうこう》という後漢《ごかん》時代の人です。九歳のときに母親を亡くし、父と二人きりで暮らしていましたが、とても親孝行で、炎暑で父が眠れないとうちわであおいで涼しくし、冬には自分の体温で席（もしくは夜具）を温めておいたという逸話《いつわ》があります。

あらためて考えてみると、「教」という字は「孝」と「文」が合わさった形になっています。すなわち「教」は「孝」から始めなければいけないのです。

そして孝は、自分を育ててくれた親を大切に思うところから始まります。今は母の日、父の日がありますが、昔の子どもたちは、毎日が父の日、母の日のつもりで親に対して孝を尽くしていたともいえます。

巨人の名監督・川上哲治さんは「親孝行な選手は伸びる」といっていました。なぜかというと、親が自分のために苦労しながら野球をさせてくれたという感謝の気持ちがある選手は、親に楽をさせてあげたいという思いがあるから、猛練習にもめげずに立派な選手になろうという気持ちが強い。そういう気持ちがある選手のほうが、成長のスピードが速いというわけです。

この「孝」とともに大切なのが「弟《てい》」。「孝弟」で一つの言葉になっています。ここでは孔融《こうゆう》という後漢時代の学者が子どもだった頃の例が挙げられています。

この融が四歳のときの話です。兄弟と一緒に梨を食べるとき、年下の融は「自分は体が小さいから小さな梨でいいです」と、大きな梨を兄たちに譲り、小さな梨を選んだというのです。これは「孔融譲梨（孔融の梨を譲る）」という、中国では兄弟の愛情を示す有名な故事になっているようです。

もちろん、一方的に弟が兄に譲るというのではなく、兄は兄で弟を思うという前提があるわけですが、弟が兄に敬意を持つことを「弟」というのです。

年長者を上に置く年功序列ばかりだと社会が固定化してしまう気もしますが、大学生を見ていると、一番年上の人やＯＢに対して敬意をもって接していると、付き合い方が楽になるようです。完全に対等で年齢も学年も気にしないというあり方もいいと思いますが、どこかに先輩後輩の関係があると楽になることも多いというのも事実です。

お笑い芸人さんの世界などでは「先輩が後輩におごる」という暗黙の了解があるそうです。後輩より売れていなくても先輩がおごるという決まりらしく、また、後輩は後輩で、先輩に呼ばれたら必ず行かなくてはならないそうです。

そういう秩序があると、同期同士あるいは先輩後輩の間の絆が強くなります。これは部活動なども同じでしょう。それを鬱陶《うっとう》しいと感じる人も当然いるでしょうが、実はそういう関係性がはっきりしているから付き合いやすいという面もあるのです。だから先輩を立てるのがうまい、いわば「後輩力」に優れている人はすごく人気があります。

上司と部下の関係も同じです。部下が上司に反発ばかりしていると、会社はうまく運びません。上司がいつも優秀とは限りませんが、上司の決定に従うのが部下の仕事です。「上が決定したことは前向きに取り組む」という弟の気持ちがないと、組織は成り立ちません。企業が運動部出身者をとりたがるのも、弟の気持ちを持っていて理不尽なことに慣れているという理由が一つあると思います。

秩序を重んじるのは大事なことです。しばらく前に、日本も欧米のように能力主義にして年《ねん》俸《ぽう》制を敷《し》こうという流れがありましたが、結局うまくいきませんでした。高給をもらうよりも、年功序列、終身雇用でやっていた時代のほうが働く人には安心感があって、会社に対して忠誠心が生まれていたのです。それが社会の安定性を保つことにもつながりました。

この孝弟という考え方は、人と人のつながりを強くするために生まれた一つの知恵だったと理解できるのではないでしょうか。

中国古典マメ知識 1 四書五経

四書五経は、『論語』『大学』『中庸』『孟子』の四書と『易経』『書経』『詩経』『礼記』『春秋』の五経からなります。これらは孔子の学問である儒教の基本書ともいえるもので、東アジアの学問のベースとなりました。

中国の科挙《かきょ》試験ではこれらが中心となって出題されていましたから、役人を目指す人は皆、四書五経を勉強しました。このすべてを記憶できる人だけが官職につくことができたのです。

この四書五経を共通のテキストとして学ぶことは安定した教育システムの確立につながりましたが、やがて四書五経を覚えることが勉強だという捉え方がはびこり、その流れが今日の日本にも続いてきて暗記勉強の弊害《へいがい》が唱えられるようにもなりました。それに対抗する形で近年はアクティブ・ラーニング（能動的学習）の重要性がいわれています。

しかし、うまくいかない点があったとはいえ、テキストを共有することが国全体の教育水準を高めるために威力を発揮するということは間違いない事実でしょう。

9　知育よりも徳育を先にする

首孝弟
次見聞
知某数
識某文

孝弟《こうてい》を首《はじめ》とし
次《つぎ》に見聞《けんぶん》
某《それぞれ》の数《すう》を知《し》り
某《それぞれ》の文《ぶん》を識《し》る

《大　意》

親への孝行や兄弟間の序列を大事にする。
この孝弟を守ることを基本として、
その次に見たり、聞いたり、学んだりする。
数を学び、読み書きを学んでいく。
これが教育の正しい順序である。

《解　説》

先に述べた、礼儀や親孝行、兄弟がお互いを大切に思う気持ちなどがベースとなって、そのうえで読み書きや算数を学んでいくことが大切だといっています。

つまり、最初に心を育む徳育をしっかりして、それができたところで知育、頭の勉強に入るのがいいというわけです。

今は幼少期からどんどん知育に入っていきます。幼児なのに難しい文字が読めるとか、英語が読めるとか、数学ができるという子もいるかもしれません。しかし、本来の成長の順序として大切なのは、まず人に対して礼儀正しく接する心を育むことなのです。そして親や兄弟を思う気持ちを育てなくてはいけません。

そこが欠けていると頭でっかちになってしまって、大きくなってから人間関係がうまく築けないという問題が生じてくることになります。

実際に大学生の採用状況を見ていると、企業が求める「一緒に働きたい人」の条件の中には「礼儀正しさ」や「人間関係力」が入っています。挨拶ができないような人とは誰も働きたいと思わないし、上司が命じたことを素直にやらない人とも働きたくない。コミュニケーション力のない人ともやっていけない。要するに、企業は人間関係をきっちりこなせる人をとりたいのです。

能力以前の問題として、そういう人間としての基本ができていることが採用の絶対条件なのです。

まず心をしっかり育てる。知育よりも徳育という考え方は、昔も今も変わらないはずです。人間関係をちゃんと築くための基本を身につけることが最初で、数や文、つまり読み書き算盤《そろばん》といった実務的な能力はあとから身につけても問題はありません。

昔の中国でも日本でも、数を扱うことは世の中で生きていくためには必要でした。算数ができなければ、仕事はもちろん、日常生活でも不自由します。それはやがて数学的な考えにもつながっていくものです。

それにプラスして、本を読んだり、字を書いたりする読み書きの力を養うことも求められました。読む力は理解力にもつながりますし、他の人とコミュニケーションをとることにもつながります。そして、文章を読めるということで、より難しい仕事ができるようになってきます。

だから、数や文も必要であることには違いないのですが、学ぶ順序としては、まず人間としての大切な心を身につけなくてはいけない。読み書き算盤はそのあとでいいのだと、この『三字経』の言葉は教えているのです。

第二章

自分の居場所を確かめる

10　世界は数によって支配されている

一而十
十而百
百而千
千而万

一《いち》よりして十《じゅう》
十《じゅう》よりして百《ひゃく》
百《ひゃく》よりして千《せん》
千《せん》よりして万《まん》

《大　意》

一から始まって十になる。
十が増えていって百になる。
百が増えて千になり、
千から万に及んでいく。

《解　説》

これは「一、十、百、千、万」という桁《けた》を子どもたちが習うための言葉です。われわれは一、十、百、千、万、億、兆、京《けい》ぐらいまでは知っていますが、日本語には極小から極大までさまざまな数の単位があります。たとえば京の上は垓《がい》、秄《じょ》、穣《じょう》、溝《こう》、澗《かん》、正《せい》、載《さい》、極《ごく》……と続いて、極大は無量大数《むりょうたいすう》といって十の六十八乗を表します。一方、一より下の桁も割・分《ぶ》、厘《りん》、毛《もう》、糸《し》、忽《こつ》、微《び》、繊《せん》、沙《しゃ》、塵《じん》、埃《あい》……と続き、極小は涅《ね》槃寂静《はんじゃくじょう》で、十のマイナス二十三乗を表しています。

数というのは桁がわかることが重要で、これが数学の基本になりますが、子どもは時々間違えます。そこで『三字経』では、「一、十、百、千、万というのはこういう順番で並んでいるんだよ」ということを覚えやすい言葉にして教えているわけです。

大人の中にも概算《がいさん》が苦手な人がいますが、算盤が得意な人は概算も得意です。田中角栄《かくえい》などは陳情《ちんじょう》を受けるとたちまち数字を概算して、「わかった」と即決していたようです。経営者でも「およそこのくらいだな」と計算できる人は決断が速いといわれます。だから概算ができるというのは大事なことなのです。

数の世界は面白いものです。人間はいろいろな発見をしましたが、数の発見は人類の大発見でした。「これは一個である。これは二個である」という概念を持つことによって、数を基本にして世界を捉えるという見方が生まれたのです。

それを生みだしたのは古代ギリシャのピタゴラス学派です。彼らは「数は世界の神秘を解き明かす秘密である」といっていますが、まさにその通りでした。

たとえば琴《こと》のような楽器は弦《げん》の長さによって音が調和したり共鳴したりしますが、それは数学的に決まっています。これは「宇宙は数が支配している」という考え方によるのです。

プラトンはピタゴラス学派から刺激を受け、「究極の存在がどこかにあるのではないか」と考えるようになり、「イデア」というものを思い描くようになったといわれます。

また、位取《くらいど》り記数法《きすうほう》という数の表現方法が生まれたことが人間の暮らしを便利にしました。これによって、たとえば「千十」であれば「一〇一〇」と書けるようになりました。吉田洋一『零の発見』にあるように、インドでゼロが発見されたことで、このような表記も可能となったのです。当たり前のように使っていますが、桁を表記できるようになったというのは非常にありがたいことなのです。

11 大きな世界観や宇宙観を持つと得るものがある

三才者
天地人
三光者
日月星

三才《さんさい》とは
天地人《てんちじん》
三光《さんこう》とは
日月星《じつげつせい》

《大　意》

天があり、地があり、そこに人が生きている。
こういう世界観を三才という。
太陽があり、月があり、星がある。
こういう宇宙観を三光という。

《解　説》

学びの大切さからスタートした『三字経』はここにきて「天地人」「日月星」という世界観・宇宙観に到達し、非常にスケールの大きな話になります。

こういう大きな捉え方は大切なものです。たとえば西郷隆盛は「天を敬い、人を愛する」という意味の「敬天愛人」という言葉を信条にして生きていましたが、「天」という文字を学ぶことによって、人はたくさんのものを得ることができるのです。

「人事《じんじ》を尽くして天命を待つ」といいます。これは「人としてやれることは一所懸命やらなくてはならない。しかし、その結果がどうなるかは天命を待つしかない」という意味で、天と人の関係が明らかになっています。

このように、天地の中に生きているという世界観を持つと、自分のなすべきこと、自分にできること、あるいは自分にはできないことなどがわかってくるのです。

この世界を「天地」と呼ぶようになったというのは大変なことです。

天とは空ではありません。上のほうであるのは確かですが、空とか雲ではなく、この天には宗教的な意味合いもあります。たとえば、孔子は弟子の顔回《がんかい》が亡くなったときに「天が予《われ》を喪《ほろ》ぼした」と嘆《なげ》いています。この天とは神のようなものでしょう。

夏目漱石も晩年には「則天去私《そくてんきょし》」を座右の銘にしました。天に則《のっと》って私を去るというのです。

これは漱石の晩年の理想だといわれていますが、この「天」も単に空とか雲という意味ではありません。もっと大きな運命のようなものでしょう。

天には非常に大きな意味が含まれています。『三字経』はそれを「天地人」の三文字で教え、「天地の中に人がいる」という意識を子どもに持たせようとしているのです。

『三字経』全体にいえることですが、漢字一文字の持つ威力は三字の中で際立ちます。言葉が長く連なると、意味のつながりの中でなんとなく漢字を読んでしまいますが、三文字ずつだと、その一つひとつを見ていくことになるために、漢字一文字一文字の面白さや重みを感じ取ることができるのです。

ここにある「日月星」を三つの光としているのも、壮大な宇宙観をたった三文字で表すことができるという面白さがあります。

先日、最新の非常に幻想的なプラネタリウムを見ました。そのとき、私は宇宙の中に放り出されたような気分になりました。星々の中に自分が生きているのだと気づくと、ずいぶん世界観が広がったように感じました。『三字経』も、そうした広い世界の中に自分がいるという世界観や宇宙観を子どもに教えようとしているのです。それが子どもの心を育むことにもつながっていくという考え方が昔からあったということでしょう。

12 人間の社会は三つの綱で結ばれている

三綱者
君臣義
父子親
夫婦順

三綱《さんこう》とは
君臣《くんしん》の義《ぎ》
父子《ふうし》の親《しん》
夫婦《ふうふ》の順《じゅん》なり

《大　意》

三綱《さんこう》とは、君臣の義、父子の親愛、夫婦の和順のことである。

君臣、父子、夫婦の正しいあり方を知ることが人間関係の基本となる。

《解　説》

君主と臣下の間の正しい関係、父と子が親しむ親愛の情、そして夫婦が仲良くやっていくという三つの綱が人間関係の基本になっていることを教えています。

君臣の義とは、君主が臣下の世話をし、臣下は君主のために尽くすという関係です。封建《ほうけん》時代には、君主が臣下の土地を安堵《あんど》し（本領《ほんりょう》安堵）、それに対して臣下が君主に奉公《ほうこう》するという関係性がありました。土地を仲立ちとしたギブ&テイクの関係です。日本では鎌倉幕府に始まり、江戸幕府まで続きました。

こういう倫理観を持ってお互いに信頼関係のもとでやっていくのが君臣の義です。義は殿様と家来《けらい》の双方にあるわけですから、殿様が自分の気に食わない家来に切腹《せっぷく》を命じるのは一方的でおかしな話で、そういう殿様は愚かな君主とみなされました。

山本常朝《つねとも》という佐賀鍋島《なべしま》藩の藩士が武士の心得をまとめた『葉隠《はがくれ》』という本には、鍋島藩の名君と武士たちの逸話がたくさん載っていますが、名君であるためには君主のほうも義を守らなくてはならないのです。君臣の義は江戸時代に最も昇華《しょうか》した形となり、一種の美学として受け継がれました。

次に、家族関係では父子も母子も「親しむ」ことが大切です。親子が親しんで、お互いに「愛している」という気持ちを伝えて接することです。戦前の日本の多くの家庭では自分の子どもでも呼び捨てにせず、「何々さん、何々してくださいね」と丁寧な言葉を使って会話していました。子どもはもちろん親に対して丁寧な言葉を使っていましたから、お互いの気持ちの疎通《そつう》があって親子関係はとても安定していました。

広島に原爆が落とされたときに全滅してしまった広島二中の生徒たちの最後の模様を追った『いしぶみ』という本の中に、山下明治君という生徒が、亡くなる前にお母さんに別れの挨拶をする場面があります。

お母さんが「お母ちゃんもいっしょに行くからね」というと、山下君は「お母ちゃんは後からでいいよ」といって亡くなるのです。

戦前の日本人は窮屈な生き方を強《し》いられたように思うかもしれませんが、一人ひとりの情愛は深くて強い絆で結ばれていたように思います。

三つ目の「夫婦の順」とは、夫婦がお互いに仲良く和していくということです。これはいうまでもないでしょう。

このような身分や仕事の上での上下関係、そして親子関係、それから夫婦関係という三つの綱で人間関係が結ばれて社会が成り立っているのです。だから、この三つを大切にしなければならないと『三字経』は教えているのです。

13 四つの季節を繰り返していく、それが人生

曰春夏
曰秋冬
此四時
運不窮

曰《い》わく春夏《しゅんか》
曰《い》わく秋冬《しゅうとう》
此《こ》の四時《しいじ》
運《めぐ》りて窮《きわ》まらず

《大　意》

春夏秋冬の四つの季節はめぐりめぐって
終わることがない。
そのようにして人間の一生もまた四季のめぐりを
繰り返していくものだ。

《解　説》

自然は春夏秋冬を繰り返していって、決して終わることがない。これは理科的な知識でもありますが、一つの世界観でもあります。

日本人はとりわけ春夏秋冬を大事にしています。「また桜の季節になった」「あと何回、桜を見られるだろうか？」と思いながら春を過ごし、夏が来れば蝉《せみ》しぐれに耳を傾け、秋になって木の葉が落ちるのを見てもの思いにふけり、冬の厳しさに耐える。

そういう四つの季節を繰り返し過ごしていく。それが人生であり、宇宙のめぐりであるということです。

ここでは「運」という字を「めぐり」と読んでいます。これは天地の動きということ。天地の動きは止まることがないといっているのです。

吉田松陰は遺書となった『留魂録《りゅうこんろく》』の中で「人間にはそれぞれ春夏秋冬の四時がある。十歳で死ぬ者には十歳の四時があり、三十には三十の四時がある。自分は自分なりにその四つの時を過ごしたので悔《く》いはない。今、自分は実りを迎えている。自分の残した実を同志たちに受け継いでほしい」というようなことを書いています（＊）。

吉田松陰は数え三十歳で刑死するわけですが、そのときに、自分はすでに人生の四季を過ごしたと言い切れるような達観した人生観を持っていたのです。

三十歳で死ぬのは早いと思うかもしれないけれども、そんなことはない。あとは引き継いでくれという志をしたためて同志たちに送った手紙が遺書となったのですが、それを読むと松陰がまさに四時の世界に生きたということが強く感じられます。

これは春夏秋冬というめぐり自体が、私たちにとって人生を思わせる大切なものであるということでしょう。

＊十歳にして死する者は十歳中自ら四時あり。二十は自ら二十の四時あり。三十は自ら三十の四時あり。五十、百は自ら五十、百の四時あり。十歳を以て短しとするは蟪蛄《けいこ》をして霊椿《れいちん》たらしめんと欲するなり。百歳を以て長しとするは霊椿をして蟪蛄たらしめんと欲するなり。斉《ひと》しく命に達せずとす。義卿三十、四時已《すで》に備はる、亦《また》秀で亦実る、其の秕《しいな》たると其の粟《ぞく》たると吾が知る所に非ず。若し同志の士其の微衷《びちゅう》を憐み継紹《けいしょう》の人あらば、乃《すなわ》ち後来《ごらい》の種子未だ絶えず、自ら禾稼《かか》の有年《ゆうねん》に恥ざるなり。同志其れ是《こ》れを考思《こうし》せよ。

14 東西南北と中央の関係を認識する

曰南北
曰西東
此四方
応乎中

曰《い》わく南北《なんぼく》
曰《い》わく西東《せいとう》
此《こ》の四方《しほう》
中《ちゅう》に応《おう》ず

《大　意》

南北と西東という、この四方は中央に対応している。

《解　説》

日本では東西南北といいますが、ここでは南北西東という順番になっています。「君子は南《なん》面《めん》する（天子や皇帝は南を向き指導する）」という言葉があるように、南が重視されています。

この四つの方向は、真ん中である中央に対してそれぞれ対応しているといっています。いわれるまでもなく当たり前のことなのですが、『三字経』は子どもたちに世の中を生きていくのに必要な基本的な知識を三文字で教えていくという趣旨ですので、それに則って、前項では春夏秋冬を教え、ここでは東西南北という方向性を教えているわけです。

ただし、東西南北といってしまうと四文字になるので、リズムを合わせるために南北と西東に分けて、さらにその真ん中に中央があるというような形にしています。

この四つの方向性と中央というのも一つの概念です。「南」という決まった場所があるわけではなく、「北」という決まった場所があるわけでもない。ところが、どこへ行っても南北はある。極北《きょくほく》のシベリアの一地方にも北と南があるわけです。

これは「そういう概念である」というところが面白いのです。南という方向性、北という方向性というのがある。

だからサザンオールスターズといえば、南のほうのオールスターが集まっているということで、南っぽい感じがするわけです。

そういう南、北という方向性に対して、真ん中に中央があるという概念が古代中国にはあったわけですが、これをうまく延長して考えていたら、デカルト平面にまで至ったかもしれません。

デカルト平面とは中学校で勉強したＸＹ軸で表される平面図のことです。哲学者のデカルトが発見したところからデカルト平面と呼ばれるようになりました。

まず互いに直交《ちょっこう》するＸ軸・Ｙ軸を引き、その交わった点をゼロ（原点）とします。そして二本の軸によって区切られた平面の右上を第一象限《しょうげん》、左上を第二象限、左下を第三象限、右下を第四象限というように四つに分けると、平面上の点はすべてＸの座標とＹの座標によって位置が指定できるわけです。

これを応用すると、東西南北という概念があって中央をゼロとすれば、このゼロ地点を中心とした座標によって世界中のすべての場所が位置づけられることになります。

つまり、この『三字経』の言葉からデカルト平面まではあと一歩だったということです。東西南北という言葉は私たちも何気なく習っていますが、非常に面白い概念だと思います。

15 宇宙と人間世界の現象を結びつける五行説

曰水火
木金土
此五行
本乎数

曰《い》わく水火《すいか》
木金土《もくきんど》
此《こ》の五行《ごぎょう》は
数《すう》に本《もと》づく

《大　意》

水・火・木・金・土を五行という。
この五行は、数に基づいている。

《解　説》

この「水・火・木・金・土」は「木《もく》・火《か》・土《ど》・金《ごん》・水《すい》」ともいって古代中国の五行説の根本となった五つの元素の性質を表しています。

古代中国の人たちは「宇宙は何でできているか」と考えたときに、万物は「木・火・土・金・水」という、それぞれ違った性質を持った五つの元素からできており、それらが互いに影響し合って、変化し、循環していくのではないかと考えたのです。

五行《ごぎょう》説の行とは、天上の星が宇宙を運行していくということで、五つの元素に五つの星の名をあてたところから、これを五行というようになりました。

五行説と陰陽《おんみょう》説が合わさって、陰陽五行説というものが生まれました。これはいろいろな現象を陰と陽に分けて、さらにそれを五行で分けて理解するという世界観を持つ考え方で、今では占いの世界でよく使われたりします。

西洋では「地・水・火・風」の「四大《しだい》」と呼ばれるものがあります。仏教用語にも「地・水・火・風・空」の五大があり五輪の塔はこれに相応しています。宮本武蔵の『五輪書《ごりんのしょ》』も、この地水火風空です。

これらはまず宇宙の根源というものを考えて、そこからこの世のあらゆるものを理解していこうとする考え方です。宇宙と人間を連続したものとして捉えたいという思いがあったわけです。

陰陽五行説は今も日本の習俗の中にもたくさん残っていて、知らないうちにこの五行説に習っていろいろなことをやっています。お正月にしめ飾りや門松を飾るのもそうですし、七夕に五色の短冊を飾るのもそうです。

五行説というのは、天地の現象と人事との相互関係を表しています。天文現象と人間世界の出来事は一見関係ないようですが、五行説では「天地の現象と人間世界はつながっている」と考えます。そして、天地とか昼夜とか男女とかの、人間世界の変化によって宇宙のさまざまな現象を捉えようとするものが陰陽説というものです。

やがてこの五行説は、「木・火・土・金・水」の五つの動きが宇宙の変転《へんてん》とどのようにかかわっているかを考えるようになり、易に結びつきます。易の世界と結びつくことによって、天地の運行と人間世界の動きはつながったものと考えられるようになり、王朝の交代や天変地異が占われるようにもなっていったのです。

16　人が決して忘れてはならない五つの徳

曰仁義
礼智信
此五常
不容紊

曰《い》わく仁義《じんぎ》
礼智信《れいちしん》
此《こ》の五常《ごじょう》は
容《まさ》に紊《みだ》るべからず

《大　意》

仁・義・礼・智・信、
人が常に行わなければならないこの五つの道は、
決して順序を乱してはならないものである。

《解　説》

今度は仁・義・礼・智・信の「五常」について説明する言葉です。五常は人間が常に行うべき正しい道のことで、『論語』に出てくる概念です。

この五常には順番があり、それを守ることが大事だといっています。最も大事なのは仁で、次に義、そして礼、智、信という順番で進んでいきます。

孟子は仁・義・礼・智といっていますが、これに信を加えたものが五常という五つの徳目になっています。この五つの徳を常に守っていれば大丈夫だから、これを乱すなといっているのです。

まず「仁」とは人に対する慈しみの心、真心です。この真心を誠心誠意といってもいいでしょう。こうした誠実さが人間関係の一番の基本となります。

次の「義」は社会の中で行うべき正しいことです。人間関係上、これだけは守らなければいけないという正しさをいいます。

「礼」というのは礼儀の礼です。人間関係の上では決まった礼をしっかり守ることで正しい秩序が生まれます。

この仁・義・礼を身につけた人間が「智（知恵）」を身につけ、「信（信頼関係）」を築き上げていくのです。またこの「信」は言行が一致するという意味でもあります。言葉と行いが一つになることが「信」なのです。

このように、まず「仁・義・礼」があって、それが「智・信」につながっていく。これは徳育がベースとなって、その上に知育があるといってもいいでしょう。勉強ができる、頭がいいというのが知の力だとすると、その根本には仁・義・礼というものがなくてはならないというわけです。

それが欠けていると、リーマン・ショックのような事件が起きてしまうのです。あの事件の発端は、大変な秀才たちが集まって、自らの富のために金融工学を駆使して怪しげな金融商品をつくったことでした。それによって世界が大迷惑をこうむりました。「そういう商品は危険だ」と常識的に考えればわかるのですが、彼らは自分たちの儲《もう》けを優先させたのです。どんなに頭がよかったとしても、根本に仁・義・礼がないと人に迷惑をかける度合いが大きくなってしまうのです。

基本としては徳が優先されるべきであるというところが、まさに「紊《みだ》るべからず」ということです。智よりも仁・義・礼という順序関係は乱してはいけないのです。

中国古典マメ知識 2 五倫五常と知・仁・勇

「仁・義・礼・智・信」という人が常に行うべき五つの正しい道を五常といいますが、これとともに大切にされている五倫という徳目があります。

五倫とは「父子の親」「君臣の義」「夫婦の別」「長幼の序」「朋友の信」のことで、人間社会の関係性を表し、五常と並ぶ儒教の重要な徳目になっています。

五倫五常は「これを守れば人として大丈夫」という基本メッセージになっています。儒教はこのような普遍的な価値を常に意識して、それを身につけて生きていくことを目標にしたわけです。

それぞれ五つずつになっているのは、五・五と区切ることで、普通の人にも覚えやすくなるという理由もあったのかもしれません。

アメリカの百ドル札の肖像に描かれ、アメリカ合衆国建国の父ともいわれるベンジャミン・フランクリンは、十三の徳を表にして手帳に書いて、「今週はこれを守れたか」と絶えずチェックしていました。それによって、自らが正しい行動をとっているかを確認し、自分自身を律していたのです。

五倫五常というのも、そういう生き方の目標として考えてもいいでしょう。

「知・仁・勇」という言葉も『論語』ではよくいわれています。知は智とも書きます。これは三徳といわれます。この三つが揃うと人間として整うといっているのです。

「知者は惑わず、仁者は憂えず、勇者は懼《おそ》れず」（『論語』子罕《しかん》第九）と孔子はスッキリいっています。

勇気（勇）というのは行動力として必要ですが、それだけでは足りません。勇気に加えて正しい判断ができる頭のよさ（知）も必要ですし、真心（仁）もなくてはいけません。

これを人の体に当てはめると、頭＝知、胸＝仁、お臍《へそ》の下＝勇ということになるのではないでしょうか。上丹田《たんでん》、中丹田、下丹田というように、丹田が三つあるとするならば、その三つが知・仁・勇に対応しているように思うのです。

そういう三つの基本を身につけていくと、「知が足りなかった」「仁の気持ちが足りなかった」「勇気が足りなかった」と自らの行動を反省できます。自分に何が足りなくて物事がうまくいかなかったのかがわかるのです。

その意味で、簡単な自己チェックの指針として、この「知・仁・勇」を覚えておくといいでしょう。

17　人間は穀物と家畜によって生かされている

稲粱菽
麦黍稷
此六穀
人所食

稲粱菽《とうりょうしゅく》
麦黍稷《ばくしょしょく》
此《こ》の六穀《りくこく》は
人《ひと》の食《くら》う所《ところ》

《大　意》

稲・粱《りょう》（粟《あわ》）・菽《しゅく》（豆）・麦・黍《しょ》（もちきび）・稷《しょく》（うるちきび）。
これらの六つの穀物《こくもつ》を食べることによって
人は生かされている。

馬牛羊
鶏犬豕
此六畜
人所飼

馬牛羊《ばぎゅうよう》
鶏犬豕《けいけんし》
此《こ》の六畜《りくちく》は
人《ひと》の飼《か》う所《ところ》

《大　意》

馬・牛・羊・鶏・犬・豕《し》(豚)、
この六種類の家畜は人が飼って役立て、
また食用にもしてきた。
これらによって人間は生かされているのである。

《解　説》

「五穀豊穣《ごこくほうじょう》」という言葉がありますが、前半の言葉は六つの穀物の覚え方を教えています。人間を生かしてくれる六穀をしっかり覚えておきなさいというわけです。

六穀は稲から始まって粱《りょう》・菽《しゅく》・麦《ばく》・黍《しょ》・稷《しょく》の六つです。人間は農耕生活をするようになって、ようやく落ち着いて文明を発達させることができるようになりました。それ以前は、狩猟採集の時代が長く続いていましたが、その頃には文明らしい文明がなかなか起こりませんでした。穀物と文明はセットになっているといってもいいように思います。

青森で発掘された三内丸山《さんないまるやま》遺跡は縄文時代の遺跡ですが、この頃にはすでに栗を植え、ゴボウや豆を栽培していたことが明らかになっています。

平安時代の初期に完成した『続日本紀《しょくにほんぎ》』という歴史の本では、「米麦黍粟豆」の五種類の穀物が「五穀」といわれています。『古事記《こじき》』などでも、穀物の話が最初に出てきます。穀物が重視されたのは、日本の神は五穀を司る神であると考えられていたからでしょう。

『古事記』や『日本書紀』にはウカノミタマノオオカミという穀物の神が出てきます。このウカノミタマノオオカミは伏見稲荷大社《ふしみいなりたいしゃ》の主祭神《しゅさいじん》として祭られていて、お稲荷さんとして知られています。あるいは田の神のように稲を豊作にする神というものがいて、大切に祭られてきました。穀物を司《つかさど》る神様というのは農耕民族にとっての原点です。

この『三字経』では五穀に一つ加えた六穀の大切さを教えているわけですが、これは理科的な知識であると同時に、人間が生きるうえで非常に重要なものであると教えているところに意味があります。

次の馬・牛・羊・鶏・犬・豕《し》も基本は同じです。家畜は穀物と同じように人間にとって役に立ち、そして食糧でもありました。だからここで代表的な家畜を覚えておこうというわけです。犬を食用としていたかどうかはわかりませんが、たぶん愛玩目的で飼育していたのではないでしょうか。そういうものも飼っていたということで、ここに名前があがっているのだと思います。

「いきものがかり」という音楽グループがありますが、面白いネーミングです。小学校のときには生き物係という係がありました。おそらくメンバーの一人がそうした係をしていたのでしょう。動物の世話をして心を通《かよ》わせるという体験は、子どもの成長にとって大切なことです。信州などでは総合学習で牛を育てる授業がある学校もあります。

ちなみに犬と目が合うと、オキシトシンという安心や幸せ感をもたらすホルモンが人間と犬、双方の脳内に流れるそうです。犬が人類と長い間、友達である理由はここにあるのかもしれません。

18 自分自身の感情を知ることは大事なこと

曰喜怒
曰哀懼
愛悪欲
七情具

曰《い》わく喜怒《きど》
曰《い》わく哀懼《あいく》
愛悪欲《あいおよく》
七情《しちじょう》具《そな》わる

《大　意》

喜び、怒り、哀しみ、怖れ、
人を愛し、人を憎み、そして何かを欲する、
人間にはこの七つの情が備わっている。

《解　説》

人間の感情の捉え方にはいろいろありますが、ここでは喜・怒・哀・懼・愛・悪・欲という七つの情を挙げています。

仏教では「懼」の代わりに「楽」を入れて喜・怒・哀・楽・愛・悪・欲の七つを挙げていますし、五経の一つである『礼記《らいき》』ではこれが喜・怒・哀・苦になって、「楽」が「苦」に置き換えられています。

昔の人は「感情にはいくつの種類があるのだろう？」と考えて、ここに挙げたような七つの情を考えたわけです。

今ではこれらの感情になったときには、それぞれに特有の脳内ホルモンが出ていることが明らかになっています。たとえば、喜んでいるときはドーパミン、不安や苛々《いらいら》するときはノルアドレナリン、落ち着いているときはセロトニンが出ています。

あるいはエンドルフィンという快感物質やオキシトシンという幸せ物質などの脳内ホルモンもあります。うつ病の人が不安になるのはセロトニンが足りないからだというので、セロトニンを増やすような薬が処方されるようにもなっています。

このように、感情は脳のホルモンの働きでかなり決まっているのです。たとえば規則的な歩き方をすると脳内のセロトニン神経系が活性化して落ち着いた気持ちになります。だから散歩をすると気持ちが落ち着くのです。同じことを繰り返していると気持ちが落ち着くのも、これと同様の仕組みです。

楽しいときには脳内物質のドーパミンが出ています。その楽しさを求めて、また同じことをやりたくなるのが人間なのです。

ただし、覚醒剤などを使うとドーパミンが出すぎてしまい、それなしでは興奮できなくなってしまいます。覚醒剤の常習性が高いというのはこういう理由です。

今まで喜・怒・哀・楽などの感情は心の働きだと思われてきましたが、それは脳内のホルモンの問題も結構多いことがわかってきました。そして全身を使って運動をするとホルモンの出がよくなることもわかってきて、体と心の結びつきが意外と深いことが明らかになってきました。

昔はこのようなホルモンの知識はありませんでしたから、人は「喜怒哀懼」とか「愛悪欲」というように感情を捉えて、たとえば「ああ、自分は今、哀しみの中にいる」というように、その動きを自分自身で捉えていたのです。そして、そのように自分がどういう状態にあるかを自分でわかることが大切だと教えていたのです。

19 音楽には気持ちや場を整える力がある

匏土革
木石金
与糸竹
乃八音

匏土革《ほうどかく》
木石金《ぼくせききん》と
糸竹《しちく》と
乃《すなわ》ち八音《はちおん》

《大　意》

ひさごで作った楽器、土を焼いて作った楽器、革を張って作った楽器、木で作った楽器、石で作った楽器、金属で作った楽器がある。

また琴などの弦楽器もあるし、竹で作った笛などの楽器もある。

楽器にはこれらの八つの種類がある。

《解　説》

「八音」というのは八種類の楽器を表しています。古来、音楽は祭礼などの儀式の際に演奏される大切なものとされてきました。

孔子も音楽をすごく大事にしていて、「音楽を聴いて、その素晴らしさに三か月間も肉の味も忘れるほどだった」（子、斉に在りて韶《しょう》を聞く。三月、肉の味を知らず）と『論語』述而《じゅつじ》篇には書いてあります。また孔子は、自分自身でも音楽を演奏することが好きでした。

孔子は「礼楽《れいがく》」という言葉を使っていますが、儀式を執り行う際には音楽を演奏することで、それが整ったのです。

つまり、古代の人たちは「音楽が人の気持ちを整える」「音楽が場を整える」ということを知っていたのです。

これはピタゴラスもそうですが、宇宙の調和というものは音楽にこそ表れるという考えがあります。たとえば和音というものがあります。ちょうどいい感じで響く心地よい音の重なり、それが和音です。

和音はとても心地よい感情を人の気持ちに起こします。と同時に、これは宇宙の神秘を表している感じもするのです。

音楽は古代から世界中にあります。それが人を引きつけて今日に至ります。

原理はわからなくとも、音楽というものに「気持ちを整える」「場を整える」という大切な効能があることに人々は古代から気づいていたということでしょう。

今は日本発祥のカラオケが世界中に広まっていますが、日本人は昔から歌うことが大好きな民族です。「こんなに日本人は歌うのが好きだったのか」ということが、カラオケの成功で改めて証明されたように思います。

日本人の中には小学校に上がる前から音楽を演奏したりする人も数多くいます。ピアノやオルガン、あるいは笛を練習したりしています。それも情操教育として心を整えていくために大きな意味があると思います。

合奏《がっそう》することは、ほかの人と「息を合わせる」ことにもなり、人格形成に役立つと同時に、生きる喜びを感じさせてくれます。

20 つながりの中で生きるのが人間の基本

高曾祖
父而身
身而子
子而孫
自子孫
至玄曾
乃九族
人之倫

高曾祖《こうそうそ》
父《ちち》よりして身《み》
身《み》よりして子《こ》
子《こ》よりして孫《まご》
子孫《しそん》より
玄曾《げんそう》に至《いた》る
乃《すなわ》ち九族《きゅうぞく》
人《ひと》の倫《りん》なり

《大　意》

自分の上に祖父と曾祖父と祖父の祖父、
つまり高曾祖《こうそうそ》がいる。
そして父がいて自分がいる。
自分の下には子、孫、曾孫《ひまご》、玄孫《やしゃご》がいる。
これが九族という、人の世代の並びである。

《解　説》

自分を中心として九族がどのような並びになっているかを教える言葉です。

高曾祖というのは、祖父と曾祖父と祖父の祖父を指すようです。高曾祖という言葉は辞書には載っていませんが、おそらく「高」が「祖父の祖父」、「曾」が「曾祖父」、「祖」が「祖父」を表しているのだと思われます。八行に収めるために、このような言葉を造ったのかもしれません。

ともあれ、九族というのは、この祖父の祖父から数えるということです。この九族は「人の倫」、すなわち「人の道」であるといっています。要するに、自分は先祖から連なってきていて、子孫に連なっていくのだといっているのです。

これは自分一人が勝手に生まれて生きているわけではなくて、先祖からずっと連なって生きているということです。よく何親等《しんとう》とかいいますが、私たちはそういう連なりの中で生きているのです。

沖縄ではこういう連なりの意識が強くて、おばあちゃんやひいおばあちゃんがいて、誕生日には一族全員が集まるというのが当たり前のようです。そうして集まった中には、子や孫のみならず、ひ孫や玄孫までいることもあります。

その様子を見ると、結婚が早くて出産も早いと、たった一人の女性からこんなにもたくさんの家族ができるのかという感銘を受けます。実に壮観《そうかん》な眺めです。

現生人類は、今から十万年ぐらい前にアフリカの一人の女性から始まって何十億人にも増えていったわけですが、沖縄のひいおばあちゃんの誕生会などを見ていると、それもわかるような気がします。

そういうつながりの中に自分がいると考えると非常に安心しますし、安定感があると思います。そのようなたくさんの人の中で暮らすのが人の道であるというのが納得できるのです。

現代の日本人は、飢えや病が原因ではない人口減少の時代を生きています。種族保存の本能が実は本能ではないかもしれないという、これまでの通説が覆されてしまうような現象が起きつつあるのです。

自分の身が最後で、子や孫につながらないという経験のある人が増えてきているのです。

しかし、『三字経』では先祖から連綿と続くつながりを大切にしています。つながりの中で生きるということが人間の基本であるといっています。

21　人間関係を円滑にするために大切な十の徳

父子恩
夫婦従
兄則友
弟則恭
長幼序

父子《ふし》は恩《おん》
夫婦《ふうふ》は従《じゅう》
兄《けい》は則《すなわ》ち友《ゆう》
弟《てい》は則《すなわ》ち恭《きょう》
長幼序《ちょうようじょ》あり

《大　意》

親子の間には恩愛がなくてはいけない。
夫婦の間には和順がなくてはいけない。
兄は弟を慈《いつく》しみ、
弟は兄に恭《うやうや》しく従わなくてはならない。
年長者と年少者の間には順序というものがある。

友与朋
君則敬
臣則忠
此十義
人所同

友《ゆう》と朋《ほう》と
君《きみ》は則《すなわ》ち敬《けい》
臣《しん》は則《すなわ》ち忠《ちゅう》
此《こ》の十義《じゅうぎ》は
人《ひと》の同《おな》じくする所《ところ》なり

《大　意》

交友関係には信が大切である。
上司は部下に敬の気持ちを持って接しなければならないし、
部下は上司に忠を尽くさなくてはならない。
この十義は人が同じく守るべきものである。

《解　説》

ここでは今までに述べてきた人間関係を「十義」という言葉で整理しています。

十義というのは人間関係を円滑に維持するために大事な十種の徳のことで、父の慈、子の孝、夫の和、妻の順、兄の愛、弟の恭《きょう》、朋《ほう》の誼《ぎ》、友の信、君の敬、臣の忠があります。これらを大事にすると人間関係がうまくいきますよと教えているわけです。

この十種の徳目を見ると「古くさいな」と思う人も当然いるでしょう。しかし、落ち着いて考えてみると、これらを基本的に守っていくと、人間関係はだいたいうまくいくだろうと思えます。堅苦しいと感じるのはもっともですが、間違っているというわけではないようです。

今は戦前と違ってより自由な社会ですし、豊かな社会ですから、親子関係で恩を感じる機会は少ないかもしれません。しかし、そういうものを感じると、より親子の間がうまくいくということも事実です。

逆に、自由だからといってこれらの基本的な徳を軽《かろ》んじると、自分自身が生きにくくなってしまう場合もあります。

たとえば子どもが先生に対して尊敬の念を持ち、それを受けて先生も子どもにしっかり接する。そういう人間関係ができたほうがお互いにとっていい空間ができあがります。先生の話を子どもが全く聞かないから、先生は子どもを怒鳴《どな》ってばかりいるというのでは、教室は混乱するだけです。

この十義は、良好な人間関係をつくる基本的な心がけとして現代でもある程度通用するのではないでしょうか。確かに「妻は夫に服従せよ」というような夫婦関係は今では考えられません。しかしこういうものは、たとえば「夫婦は互いに相手を尊重することが大切だ」というように読み換えていけば、今でも通用するでしょう。

ストレスの大半は人間関係から生じるそうです。また、幸福の基準も人間関係にあるそうです。そう考えると、ここにあるような人間関係の知恵を小さな頃から学び、身につけておくことは大切です。そのほうが生きやすいといえるのです。

とくに今は、会社などでも「可愛がられる」ことが重要な要素になっています。「可愛げのある人を採用したい」と、よく聞きます。「可愛げがある」とはどういうことかというと、上司や先輩とうまくやれるということなのです。つまり、人間関係をしっかり築ける人が求められているわけです。

そうした人間関係の基本がここに書かれています。昔も今も人間関係というものは生きるために大切なものであったということでしょう。

第三章

先人が教える学びの工夫

22 歴史の出来事を今につなげて読み、考える

読史者
考実録
通古今
若親目

史《し》を読《よ》む者《もの》は
実録《じつろく》を考《かんが》え
古今《ここん》に通《つう》じ
親目《しんもく》するがごとし

《大　意》

歴史書を読む場合には、実際に起こった事実に基づいて考えることが大事である。
そして昔の出来事を、まさに今、目の前に見ているように読むことが大事である

《解　説》

ここでは歴史書の読み方を教えています。歴史書を読むときには、書かれている出来事が本当はどうだったのかとリアルに考えながら読むようにする。そして、今それが目の前で起こっているかのように想像しながら読むことが大切だといっています。

普通、歴史書を読んでも、昔のことだから今とは関係ないと考えがちです。しかし、そうではなくて、自分が歴史の当事者のようになって読み、考えてみなさいというのです。歴史を今のこととして考えてみようというわけです。

たとえば、黒船来航について読んだときに、「見たことのないような大きくて黒い蒸気船が突然東京湾に現れて開国を迫ってきたら、自分ならどうするだろう」と想像してみる。あたかも自分がそこに居合わせたかのようにして読み、そして考えてみるのです。

古典の読み方も同じです。できるだけ今の問題に引きつけて読んでみる。

吉田松陰がそれをやっています。吉田松陰の松下村塾には「飛耳長目《ひじちょうもく》帳」という帳面がありました。これは耳を飛ばして目を長くするように、あちこちにネットワークを広げて集めた情報を記した帳面です。これに基づいて松陰は塾生たちと議論をしました。

そのときに古典も引用しましたが、その古典の内容が今現在ならどうなるかと考えながら議論をしています。

これは今でいうところの「新しい学力」のような取り組み方です。新しい学力とは問題解決型の学力です。問題を解決していくためにはまず事実を知らなければならない。それから、集めた事実を分析して、今、何が必要なのかを知り、調べ、思考判断して、行動するのです。

こういう学び方をすると、本を読むときでも「自分だったらどう行動するだろうか」と考えるようになり、「この人たちは本当にすごかったんだな」と気づいたりします。

たとえば、アメリカではしばしば銃乱射事件が起こりますが、現在の銃規制の難しさを考えると、「日本では秀吉が刀狩《かたながり》をしてくれて本当によかった」と考えることもできます。今から銃を規制しようとしても、なかなか難しいでしょう。銃を隠し持つ悪人だっているでしょう。そう考えると、秀吉があの時代に刀狩をしたことが日本の平和にどれだけ貢献したかがよくわかります。

このように過去の出来事を今につなげて考えると、さまざまな発見があります。そういう学び方を『三字経』は教えているのです。

23　本を読むと人格のレベルが上がる

口而誦
心而惟
朝於斯
夕於斯

口《くち》にして誦《しょう》し
心《こころ》にして惟《おも》い
朝《あさ》にも斯《ここ》に於《おい》てし
夕《ゆうべ》にも斯《ここ》に於《おい》てす

《大　意》

本を読むときには音読をして、
何が書かれているのかをよく考え、
朝も夜も勤めることが大事である。

《解　説》

ここでは、「読書は単に字面《じづら》だけを追って情報として読むのではなくて、体に刻み込むように口で唱《とな》えて、覚え込んでしまいなさい。そして、一つひとつを心に留めてよく考えて自分のものにしていきなさい。それが本当の読書というものだ」ということが説かれています。つまり、「読書は体ごとやれ」といっているのです。

かつて私は『声に出して読みたい日本語』という本を出しましたが、私の発想も同じです。昔の人は体ごと読書をしていました。声に出して素読し、覚えていきました。そのため「好きな詩を暗唱してみてください」というと、昔の人は結構できたのです。

たとえば『和漢朗詠集《わかんろうえいしゅう》』という本がありました。この本は貴族たちが詩を覚えて朗詠するためのテキストでした。みんなが同じ詩を知っているから、話が通じ合うということもあったのです。

それに比べると、今は情報こそ多いものの、さっと暗唱できる詩があまりありません。「好きな名文を暗唱してみてください」といっても「できません」という人のほうが多いのです。今はすべてが情報になっていて、言葉が自分の体の一部になっていないのです。本を読むことが知識にはなったとしても、それが自分の身になっていないのです。これではせっかく本を読んでも人格形成には全くかかわらないということになりかねません。

よい本や文章を暗唱して体の中に入れておくと、それがふとした機会に自分自身の生き方に重なってきます。心に刻み、体に刻み込むことで、自分自身が変わっていくきっかけとなるのです。だから暗唱は大切なのです。

また、何か読んでいるときに常に心に留めて考えるようにすると、読書が一つの体験になっていきます。

私はドストエフスキーの『カラマーゾフの兄弟』や『罪と罰』を大学一年生に課題図書として読んでもらいます。そうして読むこと自体が体験になっていくと、端々《はしばし》の言葉からものを考えるようになります。

そのように、体ごとぶつかるような、一つの体験となるような読書の仕方が大事だと『三字経』はいっているのです。

今、本を読むこと自体が減ってきていますから、人格形成においてはいよいよ読書が大事になっています。本を読む人と読まない人とでは、将来歩む道が全く違ってしまうとさえいっていいと私は思っています。

本を読み、思索することは、幸福への道です。ぜひ本を読んでください。

24 学問を身につけるために先生について学ぶ

昔孔子
師項橐
古聖賢
尚勤学

昔孔子《むかしこうし》は
項橐《こうたく》を師《し》とす
古《いにしえ》の聖賢《せいけん》すら
尚《な》お勤《つと》め学《まな》ぶ

《大　意》

孔子は昔、魯《ろ》の国で神童といわれた項橐を師とした。
孔子のような古《いにしえ》の聖賢ですら
師について勉強に励んだのである。
ましてや、学問を始めたばかりのわれわれは
先生からもっと学ばなければいけない。

《解　説》

孔子は中国の古《いにしえ》の聖賢ですが、そんな偉い孔子も師について学びました。だから、「われわれのような学問を始めたばかりの者が先生から学ばないでいいわけはないだろう。誰かから学ぶことはとても大事なのだよ」と、子どもに教えているわけです。

人間はゼロからスタートするのではありません。先人たちが切り開き、積み上げてくれたものを土台として、そこからスタートするのです。

人間は先人の作り上げてきた文化遺産を継承してきたのです。だからこそ、先人の教えに学ぶということを忘れてはいけないのです。

すでにこの世にいない先人の教えに学ぶには、本を読むのが一番です。それが疎かになると、文化遺産の継承が途絶えてしまいます。そうなると文化の面では先の時代よりも落ちてしまうということがありえます。

実は今の日本はそうした危機の時代を迎えているのではないかと私は思っています。社会全体は高度に文明化されて進化しているはずですが、そこに暮らす一人ひとりの教養の点で見れば、二十代や三十代の人よりも七十代や八十代の人のほうが上ではないかと思われます。

本来であれば、先人たちの教養をベースに、若い人たちはさらに高い教養を身につけているべきですが、必ずしもそうはなっていません。

その一番の原因は、若い人たちが読書をしなくなってきているところにあるでしょう。本を読むより友達とＳＮＳで会話をするほうが楽しいのです。だから、本は読まず、師にもつかない。要するに学びが足りないのです。

これでは教養の継承はできません。文明全体は発達しても個人の教養レベルが上がらないとはこういうことです。

かつては電車の中で本を読む人がたくさんいました。今はその数が激減しています。代わりにスマホでゲームやＳＮＳをしている人が目につきます。

そういう様子を見るにつけ、「孔子のような聖賢ですら師について学んでいたのだから、われわれはなおさら学び続けなければいけない」という『三字経』の言葉が身に迫ります。『三字経』は、この言葉を子どもたちに徹底して覚えさせていくのです。それによって、学ぶことの大切さを子どもの体にしみ込ませようとしています。

学ぶことは大切だというのは当たり前だと思うかもしれませんが、教えなければなかなか身につかないものです。だから、こういう学ぶ姿勢を小さなうちに身に刻みつけることがとても大事なのです。

25 仕事をしながらでも学び続ける

趙中令
読魯論
彼既仕
学且勤

趙中令《ちょうちゅうれい》
魯論《ろろん》を読《よ》む
彼《かれ》既《すで》に仕《つか》え
学《まな》び且《か》つ勤《つと》む

《大　意》

中書令《ちゅうしょれい》という役職にあった趙普《ちょうふ》という人は、常に『論語』を読んでいた。
仕事をしながらでも勉強し、かつ勤めていた。
彼は北宋を建国するにあたって功績をあげ、後に宰相《さいしょう》となった。

《解　説》

ここにある「魯論《ろろん》」とは『論語』のことです。趙普《ちょうふ》という政府の高官は忙しく仕事をしながらも常に『論語』を読んで勉強していたといっています。これは大人になっても学び続ける大切さを教えている言葉です。

日本でいえば、渋沢栄一が大人になってから『論語』を読み直し、それを経営に生かしていったことに重なります。

渋沢には『論語と算盤』という本がありますが、彼は『論語』の教えを基にして経営をやってみようと考えて、それを実践したのです。彼は少年時代にも『論語』を読んでいましたが、大人になって『論語』に触れたとき、「一生をかけて読もう」と改めて思いました。そして、先生について一所懸命勉強しました。それは高齢になるまで続き、ついには自分でも『論語』の講義をするほど熟達しました。

このように惚《ほ》れぬいた古典を持つと、人格の骨格ができて、思考や判断が確かになるということがあります。渋沢は完全に『論語』を血肉にして生きていました。むしろ『論語』を骨として自分の中心に据えたというのが渋沢栄一の生き方だったわけです。これぞ、古典力というものです。

趙普という人も常に『論語』を読んでいたというのです。学生時代にはよく本を読んでいても、社会人になって働き始めたら、時間がなくて本を読まなくなってしまうという人は多いと思います。しかし、趙普は働くようになっても『論語』を手放さず、勉強を続けたのです。するとどうなるか。自分にとって大事な本を繰り返し読むことで、それが自分の仕事にも生きてくるのです。

どんな仕事をやるときにも心を整えることが大切です。また、新しい知見を手に入れることも求められます。それには読書が一番です。本を読む習慣を身につけると、自分を常に鍛え続けることができるのです。

スポーツ選手は、毎日走って、トレーニングをして、それを土台に試合に臨みます。これは一般の人も同じはずです。仕事をする上においても、人間としての土台を常に作り続けていく必要があります。

それが「学ぶ」ということだと考えると、大人になってからも『論語』を読み続けた趙普の例は、「大人になっても学び続けることが大事だ」という私たちへのメッセージにもなるでしょう。

26 工夫努力をして学ぶ姿勢が大切

披蒲編
削竹簡
彼無書
且知勉

蒲編《ほへん》を披《ひら》き
竹簡《ちくかん》を削《けず》る
彼《かれ》書《しょ》無《な》きも
且《か》つ勉《つと》むるを知《し》る

《大　意》

漢の路温舒《ろおんじょ》は、蒲《がま》の葉を切り揃えて綴《つづ》り、そこに文字を書いて勉強をした。同じ漢の公孫弘《こうそんこう》は、竹の札《ふだ》を削り、そこに書物を書き写して勉強をした。彼らは書物を持っていなかったが、勉強の方法をよく知っていた。

《解 説》

漢の路温舒《ろおんじょ》は子どもの頃に牧羊《ぼくよう》の手伝いをしながら蒲の葉に文字を書いて勉強をし、後に太守《たいしゅ》（郡の長官）にまで出世しました。一方の公孫弘《こうそんこう》は、ずっと貧しい生活を送り、四十歳を過ぎても豚の放牧で暮らしていましたが、竹を札のように削って五経の一つである『春秋』を書き写して勉強をしていたというのです。

詳しくはわかりませんが、おそらく二人とも、蒲や竹を紙代わりにして、自分で教材をつくり、いつでもどこでも勉強をしていたということだと思われます。

当時、書物は貴重品で、普通の人にはなかなか手に入れることができなかったのでしょう。しかし、工夫努力をすれば、どんな状況でも学べるのだと教えているわけです。

日本の博物学者の南方熊楠《みなかたくまぐす》も、友達の家に行っては本を読んで暗記をして、帰ってきたらすぐに写していたそうです。福沢諭吉も、築城書という城のつくり方が書かれたオランダ語の本をお殿様から借りて、全部書き写しています。本がなかなか手に入らない時代、勉強熱心な人たちは皆そのようにして本を筆写していたのです。

そして、それをどこへ行くにも持ち歩いて、空き時間があれば読んでいく。何歳になっても、いくら仕事が忙しくても、自分で書き写したテキストを使って勉強する。そういう姿勢が大切なのです。

まして今は、本はいくらでも入手できます。やる気になれば、いくらでも勉強できるのです。そんなありがたい時代に生きているのに、本を読まないというのは、もったいないというしかありません。

今は電子書籍もありますし、青空文庫のようにインターネットでも本が読めます。とても便利な時代なのですが、本を読む人が少なくなりました。あまりに多くの本があるためか、私たちは本のありがたみがわからなくなってしまっているようです。

ここにあるような話を幼い頃に教えられた子どもは、環境が整わないから本が読めない、勉強ができないと文句をいうことはなくなるでしょう。いつでも、どこでも、本人の心がけ一つで学ぶことはできるのです。

同時に、書物というものがいかにありがたいものなのかを知ってもらいたいと思います。書物があるからこそ、私たちは先人の知恵を、あるいは新しい知識を、手軽に手に入れることができるのです。そのことに感謝して、もっともっと学ばなくてはいけないと思うのです。

27　勉強は自ら進んで努力をしてやるもの

頭懸梁
錐刺股
彼不教
自勤苦

頭《こうべ》を梁《はり》に懸《か》け
錐《きり》を股《もも》に刺《さ》す
彼《かれ》教《おし》えざれども
自《みずか》ら勤《つと》め苦《つと》む

《大　意》

晋《しん》の孫敬《そんけい》は、眠気に襲われたとき、縄を頭にかけて天井の梁《はり》につなぎ、頭が落ちないようにして勉強をした。戦国時代の蘇秦《そしん》は、眠くなってくると錐《きり》を股《また》に刺し、眠気を吹き飛ばして勉強を続けた。彼らは誰かに教えられるのではなく、自分で努力して自学自習をした。学ぶとは本来そういうことである。

《解　説》

勉強に真剣に取り組む姿勢を子どもたちに教える話です。

ここに取り上げられている孫敬《そんけい》という人は、家の戸を閉ざして読書をしていたところから「閉戸《へいこ》先生」と呼ばれていたそうです。

一方の蘇秦《そしん》は、戦国時代の弁論家で、強国の秦《しん》に対抗するために合従《がっしょう》策を説いて、六か国の同盟を成立させて宰相となった人物です。諸国の王を説得するときに「鶏口《けいこう》となるも牛後《ぎゅうご》となるなかれ（秦に服従して属国となるよりも小国の王でいたほうがいいでしょう）」という言葉を残したことでも知られています。

この孫敬と蘇秦は必死で勉強をしていました。なんともすさまじいのは、眠気を追い払うために「頭を梁に懸け」たり「錐を股に刺した」という話です。それほど勉強に対して真剣であったということです。

勉強をしていると眠くなってしまう弱い自分に打ち克つには克己《こっき》心が必要です。それを教えようとしています。

私たちはつい楽なほうを選びがちです。勉強をするよりは、インターネットを見たり、友達とメールなどでおしゃべりをしているほうを選んでしまいます。しかし、そんなことばかりしていては成長できません。

克己心をどうやって培《つちか》うかというと、まず体をシャキッとさせることです。孫敬や蘇秦は、そのために頭に縄をかけてそれを梁につないだり、股を錐で突いたりしたわけですが、本来は、眠くなったときには眠ったほうがいいと私は思います。しっかり眠らないと頭は働きません。短時間でもいいから寝て、頭がすっきりした状態で勉強をするほうが健康にもいいでしょう。

ここで学びたいのは、「無理してやる」というより、自分で進んで自分を鍛えるという姿勢です。本来、勉強とは人に教えられるものではなくて、自分自身で本を読み、書き、習うものです。そういう「自学自習」が勉強の基本なのです。

苦しさを乗り越えて達成すると充実感があります。そのとき脳の中ではドーパミンのような報酬物質が出るといわれます。

我慢して頑張ってようやく得たものだから達成感があるのです。簡単に手に入るものではあまり効果はありません。だから、自分自身が乗り越えてきたというプロセスが勉強には非常に大切なのです。

東北大学の川島隆太先生は、楽をすれば楽をするほど人間の脳はさぼってしまうといわれています。

たとえば、コピー機ができればそれに頼るようになるから、自分でノートを書き写す必要はなくなります。記憶をしなくともすべてコンピューターの中に入っているとなると記憶すること自体をしなくなります。

そういう怠惰《たいだ》な気持ちを乗り越えていくのが勉強であるということを『三字経』は子どもたちに伝えようとしているのです。

長岡藩の武士の娘として生まれ育った杉本鉞子《えつこ》さんという方が書いた『武士の娘』という本があります。その中に鉞子さんが『論語』の講義を受けていたとき、姿勢を少し崩したら、先生から「今日はこれでお終《しま》いにしましょう」といわれたという話があります。「姿勢ができていないのは学ぶときではありません」と先生はいったというのです。その言葉を聞いて鉞子さんは部屋で一人悔し涙を流したそうですが、勉強とは本来、これほど厳しいものなのです。

中国古典マメ知識 3 素読の効果

素読は古典を学習する際には最も効果的な方法です。音読をして体に刷り込むと、一生忘れられなくなります。

意味がすべてわからなくても構わないのです。ポイントはとにかく音読すること。暗唱できるくらいまで刷り込んでいくと、大人になってもその一節がフッと口をついて出てくるようになります。

この素読という一見地味な学習方法は、まさに今、教育現場で重視されつつあるアクティブ・ラーニング、つまり主体的な学習そのものといってもいいでしょう。

素読は、最も脳が活性化し、最も深く頭に入り込む、そういう学習法です。だから受け身に見えて、実は非常にアクティブなのが素読という学習法なのではないかと思うのです。

そして長時間効用が保たれるという意味では、明確な目的を設定せずに話し合いをさせるような学習法よりも、きっちりと音読、素読するということのほうが効果的ではないかとも思います。

28 どんなに苦しい環境にいても勉強はできる

如囊螢
如映雪
家雖貧
学不輟

如《も》しくは螢《ほたる》を囊《ふくろ》にし
如《も》しくは雪《ゆき》に映《えい》ず
家貧《いえまず》しと雖《いえど》も
学《まな》びて輟《や》まず

《大　意》

晋の車胤《しゃいん》は蛍を何匹も袋に入れて、
それを明かりの代わりとして勉強した。
同じ晋の孫康《そんこう》は、雪に映る月明かりで読書をした。
二人とも貧しい家で育ったが、
懸命に学び続けた。
貧しさを理由に学ばないというのはおかしな話である。

《解　説》

電気がなかった昔は夜に勉強をするのは難しいことでした。ロウソクや油を買うにはお金がかかりますし、貧しい家では日が暮れると本を読むこともままなりませんでした。

しかし、晋の車胤や孫康は、蛍の光で勉強をし、雪明かりで本を読んだというのです。貧しさが理由で勉強ができないことはない。貧しくても情熱があれば、工夫をして学ぶことはできるという教えです。

これは「蛍の光、窓の雪」で有名な「蛍雪《けいせつ》の功」という言葉のもとになった話です。蛍の放つ光でも雪の明かりでも勉強をするという気持ちでやるのが本当の勉強であるというわけです。

第二次世界大戦に出征して亡くなった林尹夫《ただお》さんという方がおられます。その林さんが書いた『わがいのち月明《げつめい》に燃ゆ』という本があります。

林さんは京都の三高から京都帝国大学に進まれた非常な秀才でしたが、海軍に入隊し、戦死してしまいます。林さんは本をほどいたものを持っていって読み続け、日記を書き続けました。「どうせ死ぬのになんのために勉強をするのか？」などとは考えたりせずに、最後の日まで勉強をし続けました。

十代でこの本を読んだとき、私は林さんの姿勢に胸を打たれました。勉強はこのような姿勢でしなければならないのだと思いました。戦没した学徒兵の遺稿《いこう》を集めた『きけ　わだつみのこえ』などを読んでも、林さんと同じように、戦地に行っても本を読んでいた若き学徒たちがおられたことがわかります。

今はインターネットという〝学びの高速道路〟のようなものができて、それを使えばアメリカのトップの大学であるＭＩＴ（マサチューセッツ工科大学）の授業でさえも聞くことができます。しかし、高速道路があるからビュンビュン車が走っているかというと、そうでもないというのが現実です。

宮沢賢治は、

「吹雪やわづかの仕事のひまで／泣きながら／からだに刻んで行く勉強が／まもなくぐんぐん強い芽を噴いて／どこまでのびるかわからない／それがこれからのあたらしい学問のはじまりなんだ」（『稲作挿話』）

といっています。

この「からだに刻んで行く勉強」というのは、厳しい状況の中でやる勉強のことでもあると思います。それが本当の勉強なのだと賢治はいっているのです。

二宮尊徳に象徴されるように、働きながら厳しい中でやっていくのが勉強だというメッセージが、日本には江戸時代からありました。それが明治の人たちの向学心につながって、日本を近代国家に押し上げる原動力になったように思うのです。

29 寸暇を惜しんで学ぶ

如負薪
如挂角
身雖労
猶苦卓

如《も》しくは薪《たきぎ》を負《お》い
如《も》しくは角《つの》に挂《か》く
身《み》は労《ろう》すと雖《いえど》も
猶《な》お卓《たか》きを苦《つと》む

《大　意》

漢の朱買臣《しゅばいしん》は薪を背負ったままで読書をした。
隋《ずい》の李密《りみつ》は牛に乗って角に書物を掛けて読書をした。
彼らはいろいろな苦労をしながらも、
皆から抜きん出るための努力を惜しまなかった。

《解　説》

これはまさに二宮金次郎を思い出すような話です。薪を背負いながら本を読むという二宮金次郎の石像や銅像は、かつて日本中の小学校にありました。

私の通っていた静岡市立田町小学校にも大きな二宮金次郎の像がありました。小学校六年のときには一年間、毎日その金次郎像を掃除していたので、「昔の人はこうやって勉強をしていたんだな」ということが子ども心にも印象に残りました。

今は小学校などに行っても金次郎像を見る機会が少なくなりました。歩きながら本を読むのは危ないというのが理由だそうです。確かにそうかもしれませんが、私たちの時代でも歩きながら本を読んでいて車に轢《ひ》かれた子はいませんでした。子どもはそれほど馬鹿ではないということです。

二宮金次郎像が教えているのは勉強をする精神です。寸暇《すんか》を惜しんで勉強をする、働きながらでも勉強はできる。そのようにして二宮金次郎少年は二宮尊徳という偉人になったんだということを教えているのが、あの像なのです。

イメージを持つというのは大切です。薪を背負い、あるいは牛に乗って田畑を耕すときに読書をする。そういうこともできるんだと教えることが大切なのです。

そんなのは変な人だと思うかもしれませんが、今でも電車の中で立って本や新聞を読む人もいます。これも寸暇を惜しんで勉強をするという点では変わりはありません。

本には著者の魂、人格がこもっています。だからいい本を読むといい影響を受けます。「今日も一日頑張ろう」「自分もこういうふうに勉強をして立派な人になろう」と思うことが大切なのです。

最近の調査では、女子高生のスマホ平均利用時間は五・五時間だそうです。ほとんどはSNSでのおしゃべりです。しかし、自分が人よりも抜きん出ることを目標にすれば、そんなことはしていられなくなるはずです。

私にはこういう経験があります。大学院の頃の話ですが、電車に乗っていて、立ったままメルロ＝ポンティというフランスの哲学者の原書を手に持ち、同時に日本語の訳書と辞書を持って読んでいたのです。図書館で三冊の本を広げて読んでいる人はいますが、それを電車の中でやっていたため、たまたま乗り合わせた知人に見つかって大笑いされました。非常におかしな姿だったようです。

幼い頃なじんだ二宮金次郎像のおかげか、私は今も寸暇を惜しんで本を読んでいます。ジムでもバイクを漕ぎながら本を読みます。これは習慣化すれば誰でもできることです。ただ、できるだけ早い時期に習慣化してしまうことが望ましいでしょう。

第四章

学んでこそ人は輝く

30 学問はなるべく早いうちから始めたほうがいい

蘇老泉
二十七
始発憤
読書籍

蘇老泉《そろうせん》は
二十七《にじゅうしち》
始《はじ》めて憤《いきどお》りを発《はっ》し
書籍《しょせき》を読《よ》む

《大　意》

蘇老泉《そろうせん》は二十七歳になって
はじめて発奮して書籍を読み始めた。

彼既老
猶悔遅
爾小生
宜早思

彼《かれ》既《すで》に老《お》いて
猶《な》お遅《おそ》きを悔《く》ゆ
爾小生《なんじしょうせい》
宜《よろ》しく早《はや》く思《おも》うべし

《大　意》

本を読み始めたとき、彼はすでに老いていて、
学問をするのが遅くなったことを悔いた。
だから、君たちは
早く学問をしようと志さなくてはいけない。

《解　説》

ここで教えているのは、学問を志すのであれば早いほうがいいということです。

蘇老泉《そろうせん》（蘇洵《そじゅん》）という人は宋代の文章家として知られていて、息子の蘇軾《そしょく》、蘇轍《そてつ》とともに三《さん》蘇《そ》と呼ばれています。その彼が本気で学問に取り組み始めたのは二十七歳のときで、科挙《かきょ》に落ちて発憤したことがきっかけとなりました。

当時、二十七歳といえば一通りでき上がっている年齢ですから、晩学《ばんがく》といえるでしょう。しかし、彼は読書に励んで後世に名を残しました。だから、学問を始めるのに遅すぎるということはない。いくつであっても学問を志すことは大切です。

ただし、学問の開始が遅れると、どうしても到達点が低くなってしまいます。蘇老泉はそれを悔いています。だから、学を志すのであれば、『論語』に「吾十有五にして学に志す」とあるように、十五歳くらいから始めるほうがいいのです。

福沢諭吉は十歳のときは文字を読もうともしませんでした。しかし十五くらいから勉強を始めて、長崎に留学をしたあと、大坂の適塾に行っています。

学問をするには、十五歳から二十五歳くらいの間は非常に重要な時期です。もしも諭吉がもっと遅く二十七歳頃に学問の決心をしていたら大成はできなかったと思います。

ここに「憤りを発する」という言葉が出てきます。『論語』には「発憤忘食」（食を忘れるほど熱心に学ぶ）という言葉があります。

啓発しようにも、学ぶ当人が発憤していなければムリです。「啓発」という言葉は、『論語』にある「憤《ふん》せずんば啓《けい》せず。悱《ひ》せずんば発《はっ》せず」（述而第七）がもとになっています。「わかりたくてもどかしい思いを持っている者でなければ教えない。わかったことを言葉にしようと口をもぐもぐしているような者でなければ教えない」という意味です。

この「憤り」とは単なる怒りではなくて、心が湧き立つような思いと考えればいいでしょう。「そういう湧き立ってくるような思いがない人には教えない」と孔子はいっているのです。孔子はなかなか厳しいところがあって、上の言葉に続けて「一隅を挙げて三隅を以て反《かえ》らざれば、則ち復《また》せざるなり」（四隅のうちの一隅を示したならば、残りの三隅を類推しないような人には教えない）ともいっています。学ぶ人が本気になって発憤しなければ、ものにはならないということでしょう。

『論語』の「発憤」と「啓発」という言葉は学ぶ側の態度を示すものとして重要な言葉です。ぜひ覚えておきましょう。

31 学問を志せばいくつになっても人の役に立てる

若梁灝
八十二
対大廷
魁多士

梁灝《りょうこう》がごときは
八十二《はちじゅうに》にして
大廷《たいてい》に対《たい》し
多士《たし》に魁《かい》たり

《大　意》

梁　灝《りょうこう》は八十二歳にして
朝廷で天子の策問《さくもん》に答えて進士《しんし》となり、
そこに仕える多くの者のリーダーになった。

彼既成
衆称異
爾小生
宜立志

彼《かれ》既《すで》に成《な》り
衆《しゅう》異《こと》なりと称《しょう》す
爾《なんじ》小生《しょうせい》
宜《よろ》しく志《こころざし》を立《た》つべし

《大　意》

彼は年をとってから名を成し、
多くの人たちが梁灝は卓越していると賞賛した。
これから生きていく若い君たちは、
志をしっかりと立てなければいけない。

《解　説》

梁灝《りょうこう》は中国の五代という時代の末から宋代にかけて生きた人です。北宋の二代皇帝太宗の試問に答えて合格し、官吏に登用されたというのですが、驚くべきことに、そのとき梁灝は八十二歳であったというのです。当時の八十二歳といえば、現代ではもっと上と考えていいでしょう。

しかし、彼は若い頃から学問を続けていたので、年老いても頭が冴えていたというのです。だから、いくつになっても世の中の役に立ち、人々から尊敬されたのだ、と。そんな高齢になっても政治のリーダーになって皆から敬愛される、そんな生き方は素晴らしいではないか、とここではいっているわけです。

日本はこれから世界の先頭を切って人類史上未曾有《みぞう》の超高齢化社会に突入します。その結果が果たしてどうなるかは誰にもわかりません。過去に実験した民族がいないからです。

日本人の寿命が延びた背景には、日本が平和で安全で、国民皆保険制度に守られた素晴らしい国だという理由があります。

定年が六十歳と決められていたように、かつては六十歳とか六十五歳あたりからは老年が始まると考えられていました。しかし、今は「六十や六十五はまだまだ若い。もっと働いていただきましょう」という時代になりました。それだけに、「八十二歳でもリーダーになれる」というのは超高齢化社会にとって福音《ふくいん》となるような言葉です。

ただし、年をとれば誰でもリーダーになれるわけではありません。若くから学問を志して、しっかり勉強を積まなくてはならない。そういう人にして初めて老年になっても働くことができるのだというわけです。

だから人生の早い時期からしっかり学問に志すことが必要なのだ、というメッセージがここには込められています。

私自身の体験を振り返ってみると、若い頃に一所懸命に勉強をしたものは、後になって何倍にもなって返ってくるという感じがします。「若いときの苦労は買ってでもしろ」といいますが、確かにそうだと思います。

「爾小生」――「君たち若い者よ」と『三字経』は呼びかけます。「志をしっかり立てて生きていこうではないか」と。そうすれば、年をとることを恐れる必要はないのです。むしろ、年をとるほどに人生が輝き始めるのだと教えているのです。

学びこそ、最高の積み立て貯蓄です。

32 学び始める年齢は七、八歳がちょうどいい

瑩八歳
能詠詩
泌七歳
能賦碁

瑩《えい》は八歳《はっさい》にして
能《よ》く詩《し》を詠《えい》じ
泌《ひつ》は七歳《しちさい》にして
能《よ》く碁《き》を賦《ふ》す

《大　意》

北魏《ほくぎ》の祖瑩《そえい》は、両親が心配して止めるほど学問に熱中し、八歳ですでに『詩経』や『書経』を暗唱した。

唐の李泌《りひつ》は、七歳で玄宗《げんそう》皇帝に招かれて、「方・円・動・静」の四字を詠み込んだ詩をつくり、皇帝を喜ばせた。

彼穎悟
人称奇
爾幼学
当效之

彼《かれ》は穎悟《えいご》にして
人《ひと》奇《き》と称《しょう》す
爾《なんじ》幼学《ようがく》
当《まさ》に之《これ》に效《なら》うべし

《大　意》

彼らは若い頃から優れていて、
人々は「これは普通の人ではない」と賞賛した。
君たちのように幼くして学ぶ者は、
この人たちにならって勉強しなさい。

《解　説》

先に二十七歳で学問に志した蘇老泉が「早く勉強を志したほうがいい」と後悔したという話がありました。また、早くから勉強してきた梁灝は八十二歳になっても人の役に立ち、尊敬されたという話をしました。

どちらの話も「早くから学問をしなさい」「志を立てなさい」と教えているわけですが、ここではその具体的な例として、八歳で詩を朗唱したり、七歳で詩を作ったりというような、幼い頃から優秀だった人を取り上げています。

七、八歳で大人顔負けの能力を発揮するということは将棋の世界などではよくある話です。将棋の奨励会には全国から天才少年が集まってきます。全国大会で対戦しているためにお互いに顔見知りで、奨励会から上の世界に行っても同じメンバーがいる。そういう中で天才たちが腕を競っているのです。

非常に厳しい競争の世界ですが、幼い頃から精進《しょうじん》した人たちだけがそこにいるわけです。自分に向いている道にひたすら精進してこそ大成があるのでしょう。

羽生善治《はぶよしはる》永世名人は江戸時代につくられた謎解きの詰将棋《つめしょうぎ》の本を少年時代にずっと解き続けたそうです。それが自分に頭の粘りをつけてくれたのではないかと本に書かれています。非常に難しい詰将棋らしいのですが、それをつくった人たちも素晴らしいけれど、それを解き続けた羽生善治少年はまさに「奇」であったといえるでしょう。
湯川秀樹博士が自伝『旅人』の中で少年時代を思い返して「幾何学《きかがく》の証明問題が面白くてどこまでもやった」というようなことをいわれています。湯川少年は幾何学を習うとその証明に夢中になって、難しい問題があるとそれを解きたくて解きたくてたまらなくて、ずっと考え続けたそうです。

このように、幼い頃から一つの道を志してやることは、とても大切なことです。だから『三字経』は子どもたちに「君たちもどんどん勉強していいんだよ」と学ぶことを推奨しているのでしょう。

ただし、これは決して幼児からの早期教育を奨めているわけではないと思います。『三字経』は、人としての正しい道を身につけることを何よりも優先するように説いていますから、学に志す時期としては七、八歳を目安にしているのではないかと考えられます。

そのために、八歳の祖瑩《そえい》、七歳の李泌《りひつ》の例を挙げているのでしょう。

33 美的感覚を育てることが脳の発達を促す

蔡文姫
能弁琴
謝道韞
能詠吟

蔡文姫《さいぶんき》は
能《よ》く琴《こと》を弁《べん》じ
謝道韞《しゃどううん》は
能《よ》く詠吟《えいぎん》す

《大　意》

蔡文姫《さいぶんき》は父親の弾《ひ》く琴の弦が切れると、どの弦が切れたかを聞き分けることができた。

謝道韞《しゃどううん》は幼くして詩を吟唱することができた。

彼女子
且聡敏
爾男子
当自警

彼女子《かれじょし》にして
且《か》つ聡敏《そうびん》
爾男子《なんじだんし》
当《まさ》に自《みずか》ら警《いまし》むべし

《大　意》

この人たちは女性であって、
なおかつ物事のわかる非常に聡明な人であった。
こんなに優れた女子がいたのであるから、
男である君たちは
もっとしっかり勉強をしなければいけない。

《解　説》

今度は女性と学問が一つのテーマになっています。蔡文姫《さいぶんき》は後漢の人です。彼女は父親の弾く琴の、どの弦が切れたかを聞き分けることができたというのですが、当時はそういう音楽の才能というものが非常に重視されていました。先にもお話ししましたが、「礼楽《れいがく》」といって、儀式をとりおこなう際に音楽は必須のものであったからです。

孔子も非常に音楽が好きだったと先にいいましたが、音楽ができるというのは一つの教養の表れでもあったわけです。当時の教養には、書物で勉強して知識を身につけるだけではなくて、音楽を奏でたり、詩を作ったり朗誦したりすることも入っていました。志を立て、世に出て活躍するためには、こうした美的感覚も求められたのです。

今でも私は子どもたちが育っていくうえにおいて美的感覚は重要だと思います。「幼い頃に何をさせるのがいいのか」ということについて、脳科学者の澤口俊之先生は「ピアノがいい」とおっしゃっています。「ピアノというのは明らかに脳にいい。頭がよくなる」というふうなことをいわれています。

幼児の頃から文字を習うだけがいいわけではない。音楽が育てる感性は非常に大切なものです。楽器の演奏には体全体を使います。五感を使って学び続けると、脳のいろいろな部分を育てることができるというのです。だから芸術的なものから美を感じ取る感性を学び、自分の体を使って演奏をしたり絵を描いたりすることによって、美的感性が育まれていくことになるのです。

今はデザインが大切な価値になっています。デザインがいいものが売れていく時代です。だから、新商品を開発する際にも、どんなデザインにするかが重視されます。人の心に訴える美しいデザインは、性能のいい商品をつくるのと同じくらい重要なのです。

日本は元来、デザイン性に富んだ国です。江戸時代のものを見ても、服でも家紋《かもん》でもすべてデザインを考慮しています。浮世絵もデザイン性に優れています。そういう感性を日本人は今に受け継いでいます。

ここに取り上げられている蔡文姫や謝道韞《しゃどううん》も、そうした美的センスに優れていたのでしょう。そこで男子を発憤させる道理として、「女子にもこのくらいやる人がいるのだから、男子はもっとやらなくてはだめだ」とハッパをかけているわけです。

今の時代は男子だから女子だからということはあまりいわなくなりましたが、私が小中学生の頃は「男のくせに女に負けて」という言い方をされて、すごくプレッシャーがかかっていました。これを男尊女卑《だんそんじょひ》とする見方もあるでしょうが、現実はそういうものではなく、男は男で大変だったのです。

今でも覚えているのは中学校のときの学年全体の試験です。男女混合で順位が発表されたのですが、自分よりも上に女子生徒が一人いることがわかって、「どうしようか」と思いました。当時は「男だったら、運動はもちろんのこと、勉強でさえ、女の子に負けてはいけない」と思いこんでいたからです。

その気持ちで頑張って東大に入学したら、五十人のクラスに女性は二人だけしかいませんでした。東大に行ける頭脳を持った女性もたくさんいたはずですが、その頃はまだ「東大は男子が行く学校」という感覚があったのではないかと思います。

そんな東大も近年は女性の比率が増えています。むしろ今は「勉強は女子のほうが向いている、女子のほうが成績がいい」という時代になりました。時代は明らかに変わったのです。『三字経』の言葉にならっていうならば、男子でもこのくらいできるのだから「爾女子、当に自ら警むべし」という時代に入ったのかもしれません。

中国古典マメ知識 4 孔子

孔子は人間が生きていくうえで踏み行うべき道を明快に示した人です。孔子は本当に優れていて、弟子たちに語る言葉がそのまま名言になってしまうような恐るべき人物でした。

孔子が「学ぶことが大事だよ」といってくれたお蔭で、『論語』の影響を受けた日本人は学び続けて、今日の平和で安全で便利な日本をつくり上げたのです。その意味で、日本人は孔子に感謝しなければなりません。

孔子が弟子たちに語った言葉には、温かみもあり、厳しさもありました。孔子の人物像とともに孔子が弟子たちにどのように語ったかを学ぶと、『論語』を生きたものとして読み取ることができるのではないでしょうか。

孔子という人を知るためにおすすめしたいのが、下村湖人《こじん》先生の『論語物語』（講談社学術文庫）です。この本は断片的な『論語』の章を物語として再構成したもので、実に感動的ないい本です。

ここからは孔子の生きた言葉が響いてきます。ぜひ読んでみてください。

34 若くとも才能があればやっていける

唐劉晏
方七歳
挙神童
作正字
彼雖幼
身已仕

唐《とう》の劉晏《りゅうあん》
方《まさ》に七歳《しちさい》
神童《しんどう》に挙《あ》げられ
正字《せいじ》と作《な》る
彼《かれ》は幼《よう》と雖《いえど》も
身《み》已《すで》に仕《つか》う

《大　意》

唐の劉晏《りゅうあん》はたった七歳で神童《しんどう》と称されて
玄宗皇帝に頌を奉り、
図書の校正をする太子正字という官を賜った。
彼は幼かったけれども、
すでに玄宗皇帝に認められて仕えていた。

爾幼学
勉而致
有為者
亦若是

爾幼学《なんじょうがく》
勉《つと》めて致《いた》せ
為《な》すこと有《あ》る者《もの》は
亦《ま》た是《か》くのごとし

《大　意》

君たち幼くして学ぶ者よ、
努力して勉強しなさい。
将来有望な人物というものは幼くしても認められ、
立派に働くことができるのである。

《解　説》

劉晏《りゅうあん》は唐の時代の政治家で、財政再建に力を発揮しました。彼は七歳で玄宗皇帝に認められて図書の校正などをする太子正字という官職について仕えていたというのです。七歳で朝廷に入ったというのは驚くほどの早さですが、校正の仕事ならば七歳でも才能があればできるだろうということだったのかもしれません。

アメリカでは十代前半で、とくに理数系では飛び級で大学に行く人も結構いるようです。サイバネティックスという理論を開発したノーバート・ウィーナーという人がいますが、この人も神童と呼ばれ、大人になっても天才であり続けました。

学校は社会生活を学び、社会性を身につける場所でもありますから、一概に飛び級がいいとはいえません。ただ、ごく一部の天才は他の子と一緒に算数や国語をやる必要はないともいえます。

発明王エジソンは三か月しか学校に行きませんでした。「できがよくない」と校長先生にいわれ、お母さんが怒って学校に行くのをやめさせたのです。そして自宅で学校のカリキュラムに関係なく興味のある本を自分のペースで読んで勉強したところ、エジソンの才能は開花しました。

そういう例もあるので、全員が全員、同じペースでやらなくてもいいのではないかとも思います。

たとえば小学生で二次方程式が解ける子や微分積分ができる子が掛け算の九九につきあう必要はないでしょう。そういう子は数学だけでも上の級で学べるようにする。これも一案ではないかと思うのです。

スポーツの世界ではすでにそれが行われています。スペインのサッカーチーム、ＦＣバルセロナのリオネル・メッシはアルゼンチン生まれですが、少年時代にバルセロナが目をつけて、家族ともどもスペインに連れて帰りました。彼は体が成長しない病気にかかっていましたが、その治療代もバルセロナは全額負担しました。その結果、世界一のバルセロナのエースストライカーになったのです。

テニスの錦織圭《にしこりけい》選手は小学生のときに全国小学生テニス選手権大会で優勝し、盛田正明テニス・ファンドの強化選手として中学二年でアメリカの養成所に入って腕を磨き、現在にいたっています。もしも日本の中学高校の部活でテニスをやっていたら、今の彼はないと思います。

そういう人がいることを教えて、「君たちも幼い頃から力を発揮できるように勉強したまえ」と『三字経』は子どもたちの発憤を促しているわけです。

35 学ばなければ人はなんの役にも立たない

犬守夜
鶏司晨
苟不学
曷為人

犬《いぬ》は夜《よる》を守《まも》り
鶏《にわとり》は晨《あした》を司《つかさど》る
苟《いやし》くも学《まな》ばずんば
曷《なん》ぞ人《ひと》と為《な》さん

《大　意》

犬は夜、家を守り、鶏は夜明けを知らせる。
犬や鶏でもこうして役に立っている。
人間は学ばなかったら、
どうやって「自分は人間である」と
自信を持っていうことができようか。
自らを人間という限りは、
しっかり学ばなければならない。

蚕吐糸
蜂醸蜜
人不学
不如物

蚕《さん》は糸《いと》を吐《は》き
蜂《はち》は蜜《みつ》を醸《かも》す
人学《ひとまな》ばずんば
物《もの》に如《し》かず

《大　意》

蚕《かいこ》は糸を吐いて、蜂は蜂蜜を集めて蓄える。
そのように働いて人の役に立っている。
人間は学ばなければ、こういう虫たちにも及ばない。
誰かのために役立たないのなら、
人間とは呼べないのではないか。

《解　説》

ここで教えているのは、人が人たる所以《ゆえん》は学ぶことにあるということです。犬や鶏のような動物でも、蚕や蜂のような昆虫でも、誰に教えられるまでもなく役に立つことをしています。当然人間は、昆虫や動物よりも優れたことをするべきですが、学ばなければほとんど何も役に立つことができないというのです。

先に狼少女の例を挙げました。これは人間の遺伝子を持っていても、人間社会で育たなければ人間にはならないという例ですが、このエピソードはもう一つの読み方があると思います。それは「人間は非常に融通《ゆうづう》が利く」ということです。

人間は狼の中に置かれれば狼社会にも適応するだけの力を持っているのです。しかし、狼は人間社会の中で育っても人間にはなれません。そう考えると、人間はすさまじい可能性を秘めているように感じるのです。

犬、鶏、蚕、蜂などは、遺伝子を次世代にリレーして種族を保存するという本能を持っています。ところが先進国では今、その意識が弱くなって、生物として初めて「種族を残さない」という方向に進みつつあります。

生物がなんのために生きているかというと、子孫繁栄、種族繁栄のためです。ダーウィンは「種の保存のために生命が回っている。それが一番基本の本能だ」といいましたが、人間、特に先進国の人間は、自分の世代で人類が終わってもかまわないというふうに思うようになっているようです。

それはそれでまた新しい時代がやってきたといえるのかもしれませんが、人間は他の生物とは一風《いっぷう》変わっているように思えます。

その違いの一つは、意志を持っているということです。人間は自分自身で学んでいかなければ、人間としての基本もできないし、人間としての達成感も得られないのです。

私たちが何語を話すかは環境次第で決まりますが、どこにいても、勉強をした人としない人とでは一生の間で大きく差がついていきます。

この勉強は書物の上での勉強に限りません。たとえば職人の世界であれば、厳しい修業をした人は「手に職」という形で一生の技術を身につけることができます。それによって、それぞれの領域でのプロフェッショナルになれるのです。

しかし、真剣に学ばなければそうはなれません。職業についているだけで、その道のプロになれるわけではないのです。プロフェッショナルになるためには、それだけの覚悟を持ち、常に技を磨いていかなければなりません。

人間が人間として役に立って生きるというのは、まさにそういう生き方をすることなのだと思います。

36 名声を得ることを目標とするのは素晴らしい生き方

幼而学
壮而行
上致君
下沢民

幼《よう》にして学《まな》び
壮《そう》にして行《おこな》う
上《かみ》は君《きみ》を致《いた》し
下《しも》は民《たみ》を沢《うるほ》し

《大　意》

幼くして学ぶことが大切である。
壮年になったら官職について、
世の中のためになるような仕事をしなさい。
正しい道理に従って仕事をすれば、
国を助けることも、人々を潤すこともできる。
そういう仕事をしなさい。

揚名声
顕父母
光於前
裕於後

名声《めいせい》を揚《あ》げ
父母《ふぼ》を顕《あらわ》し
前《まえ》を光《て》らし
後《のち》を裕《ゆた》かにせよ

《大　意》

世のため人のために仕事をすれば、
あなたの名声があがり世間で褒められるようになる。
あなたの名があがれば、
人々はあなたの父母の功績を褒め称えるだろう。
あなたの先祖も輝かしいものになり、
子孫も豊かにするだろう。
そういう生き方をしなさい。

《解　説》

これは人生全体を見通した言葉です。幼い頃に学び、大人になったらしっかり仕事をする。上を助けて、下が潤うようにしなさい。つまり下も上も国民全体が豊かになるような仕事をして、名があがるようにしなさい、と。「お金儲けをしなさい」といっているわけではなく、「名があがるようにしなさい」というのです。

「名を惜しむ」という言葉が日本にもあります。これは「名誉を大事にする」ということです。それと同じように、ここでは「皆に褒められるような人間になりなさい」「あの人は立派な人物だという名声を得るようにしなさい」といっているのです。

今は社長になりたいという若い人たちが減っているそうですが、人々の期待を背負って応えていくというのは非常に価値のある生き方です。

野球でいうならエースで四番みたいなものですから責任は重大ですが、それを全うすることによって名声が得られるのです。それを最初から避けてしまうのは、少々気弱な感じがしてしまいます。

かつては「身を立て、名を上げ、いざ励めよ」という歌もありました。また「故郷に錦を飾る」という言葉もありました。

私も高校を卒業して東京に出てくるときには「故郷に帰るときまでに錦を飾らねば」と思っ

て出てきました。しかし、大学受験に失敗して浪人して出てくることになりましたので、あまり格好のいいものではなくて、「錦を飾るまでには時間がかかりそうだ」と思ったことを覚えています。

東京に出てくるときに志を持って上京し、東京と闘いながら、そこで名をあげてみせると思っていた人たちが、かつてはたくさんいました。そういう人たちが切磋琢磨した向学心の坩堝《るつぼ》が東京だったのです。

高校生でも「大学に入るならとりあえず東京に」という志がありました。私などは浪人していたのに東京に来てしまったほどです。今思うと、実家にいたほうが勉強は進んだと思いますが、東京で一人暮らしをするということに憧れて出てきたのです。

私は静岡からですが、九州あたりからはるばる東京に出てきた人はものすごく頑張ります。地方の人間には「絶対に東京の人間には負けない」という意識を持って出てきている人がいます。

地方から来た人たちが「東京には負けない」といって頑張っている。そういう人間が集まっている場所が東京なのです。

それを私は「上京力」と呼んでいるのですが、面白いことに上京する距離が長いほど、頑張る度合いも強いようです。

地方の国公立大学にもいい大学がたくさんあります。昨今《さっこん》は経済的な問題も大きくて、東京に出てくるのも大変です。それでも「名をあげよう」という気持ちで上京してくるのはいいことだと思います。ただ、今は上京しなくても、各地方でできることもありますから、そこで名をあげようと志を立てるのもいいでしょう。

名声を得たいというのは、一概に自己顕示欲とばかりはいえません。むしろ、そういう大きな志を抱くことが世の中のためになるのです。

だから素直に、「ノーベル賞をとりたい」と志を掲げて勉強に打ち込むのもいいと思います。ノーベル賞を取ることは世の中の役に立つこととイコールです。単に自分一人が静かに幸せになりたいというのではなくて、もっと大きな志を持ってみることはとても大切なことではないかと思うのです。

中国古典マメ知識 5 五行と陰陽

陰陽五行説については本文でも触れましたが、これは日本人の生き方に大きな影響を与えていて、その考え方はいろいろな儀式につながっています。

日本人には「縁起」を担《かつ》ぐ人がたくさんいますが、これも陰陽五行説の影響です。「運命」という言葉も、天の運行と自分の命が連動していると考えるところから生まれたものです。

天の動きを意識し、自分自身も整える。これは自分一人が勝手に生きているわけではなく、天の動きの中で生きているという大きな宇宙論を背景にしています。いわば当時なりの方法で世界・宇宙を説明しているのです。

それとともに「自分もその宇宙の中に生かされている」ということがわかり、そこから自分をわきまえた見方・生き方が生まれてきたわけです。

それが時には占いという形になり、都を造営するときにも陰陽道の流れを汲《く》む風水を重視したりするようになりました。

陰陽五行説は中国発祥ですが、日本文化はその大きな影響を受けているのです。

37 子どもに遺すのならお金ではなく教育を

人遺子
金満籯
我教子
惟一経

人《ひと》は子《こ》に遺《のこ》すに
金籯《きんえい》に満《み》つ
我《われ》は子《こ》に教《おし》うるに
惟《た》だ一経《いっけい》

《大　意》

ほとんどの人は自分の子どもに
袋一杯の黄金を遺そうとするだろうが、
私が自分の子どもに教えるのは、
ただ一冊の経書、この『三字経』だけである。

《解　説》

お金ではなく一冊の本を子どもに残す、と。この本とは、ここでは『三字経』と考えてもいいでしょう。考えてみると、一冊の本の威力というのはすごいものです。たとえば『論語』一冊は何袋もの黄金にも勝《まさ》るといえると思います。

シェークスピアが書いた戯曲は、読む人が読めば黄金よりも尊いものです。ゲーテは「シェークスピアの戯曲は一年に一作品くらいにしておいたほうがいい。そうでないと自信を失ってしまうから」というようなことをいっています。あの文豪ゲーテですらそういうのですから、シェークスピアの戯曲は大変な宝物になるわけです。

数ある書物の中でも、人間にとって一番大切な精神を伝えてくれるものこそが尊いのです。たとえば『聖書』がそうでしょう。『聖書』はお金に換えがたい。どれほどの黄金を積まれてもあの書には代えられないと、キリスト教徒の方は考えていると思います。そういうキリスト教徒にとっての『聖書』にあたるようなものが、人それぞれにあるべきだと考えます。

この『三字経』は子どもたちに三文字で生き方の知恵や教えを説いています。三字ならば子どもにもわかりやすいし、リズムよく音読しながら人として大事なことを身につけていくことができます。

そして『三字経』は徹底的に「とにかく学べ、学べ、学べ」と繰り返しています。学ぶことによって人間の社会ができてきたのだというわけです。

幼い頃に一冊の本の中で、これほどまでに「なんとしても学べ」といわれると、「学ぶことはいいことだ。自分も一生学ぼう」という気持ちになるでしょう。それくらいの思いを抱くくらいでちょうどいいという考え方が、この時代にはあったわけです。


それが日本人の向学心につながって、学びの精神さえあれば大丈夫だということになったのです。西郷隆盛も「児孫《じそん》のために美田《びでん》を買わず」といっていますが、本当に残すべき財産とはお金ではなく、精神なのです。

日比谷公園を設計したことで知られる林学博士の本多静六《せいろく》さんは、「子どもには教育を残せ」「お金を残しても、どうせすぐに使ってしまってだめになるだけだ」といっています。福沢諭吉も同じようなことをいっています。

子どもにお金を残しただけでは幸せにはなれない。そんなお金があるのなら教育を残し、学びの大切さを教えなさいと、先人たちは伝えているのです。

38 日本人が伝えていくべき勤勉の伝統

勤有功

戯無益

戒之哉

宜勉力

勤《つと》むれば功《こう》有《あ》り

戯《たわむ》るれば益《えき》無《な》し

之《これ》を戒《いまし》めよや

宜《よろ》しく勉《つと》め力《つと》むべし

《大　意》

努力をして勤勉であればなすことがある。
しかし遊んでいて怠っていれば
何かの役に立つことはできない。
そのような情けないことにならないように
自分を律しなさい。
自分自身を励まし、
努力して勉強しなければいけません。

《解　説》

まだ昭和の時代、小学校の修学旅行で東京タワーへ行きました。売店に東京タワーの小さな模型がお土産として並んでいました。その模型には「根性」とか「努力」というように字が書いてありました。なぜ東京タワーの模型にあんな文字が書いてあったのか、今思うと不思議な感じがします。

東京タワーと努力や根性がなぜ結びつくのかわからないのですが、当時は違和感が全くありませんでした。そこで私もこの「根性東京タワー」をお土産に買って帰りました。

その頃は根性がない人は「ダメ人間」とみなされました。ついこの間まで、努力と根性は当たり前という時代がありました。もしかすると、それによって今の日本があるのかな、と思います。

今の日本の若い人たちは指示されたことをきちんとやります。ルールもしっかり守ります。上の世代よりずっとマナーがよくて、素直で真面目な人が増えているという印象です。

ただ、勤勉さという点だけは、昔も今も変わらないな、と感じます。日本人の民族のＤＮＡとして連綿と続いているような感じがします。

たとえば百円ショップやコンビニの商品開発を見ると、どこまでもよくしていこうという姿勢が明らかです。先日もあるコンビニのサバの塩焼きの製造過程を見ていたら、骨を完全に抜いているのです。働いている人たちが一本一本手で取っているのです。魚に骨があるのは当たり前ですし、食べる人が抜けばいいと思うのですが、徹底して商品の完成度を高めようとしているわけです。

新幹線の清掃や空港のトイレ掃除も世界で賞賛されています。新幹線では非常に限られた時間で完璧な清掃を行っています。そのやり方をどんどん改善してよくしていっているのです。空港のトイレ掃除にも職人技が発揮されていて、「こういう汚れにはこれ」というやり方が確立されています。

そういう努力を一般の働く方々が全員でやっているわけです。しかも誰かに命令されてやっているのではなく、皆が「もっといいやり方はないか？」と考えて、手法を共有して、よりよいものに仕上げようとしているのです。

日本人は現状をよりよくするための努力がやめられないのです。トイレ一つ取っても進化させてしまうのです。その積み重ねが、日本を平和で安全で便利で清潔な国にしてきました。そういうＤＮＡが日本人の中には組み込まれているように思います。

この『三字経』は、さまざまな具体例を挙げながら「学ぶことが大切だ」ということを子どもたちに伝えていきます。それが日本人の生き方にかなり大きな影響を与えたことは確かだと思います。日本だけではありません。中国はもちろん朝鮮半島にも影響を与えているのです。

中国と朝鮮半島の韓国と日本、この三つの東アジアの国の向学心は世界では圧倒的です。学力の国際比較でも東アジアは上位です。民族の平均的な向学心を見ると、東アジアの民族は非常によく勉強をするため、経済的にも大きく発展して、世界で重要な位置を占めています。アメリカへの留学生を見ても、東アジア出身者は非常に優秀です。

それはこの地域では競争が厳しいという理由もあります。それとともに「勉強しなさい。勉強はいいことだ」「勉強をして名をあげなさい」という文化的なＤＮＡが東アジア文化圏に浸透しているからではないかと私は考えています。

幼い頃から学ぶことの意義を繰り返し刷り込まれれば、子どもは「学ぶことは大切なことだ」と思うようになるでしょう。

この学びの伝統、あるいは勤勉の伝統を次の世代に受け渡していくこと、それは今を生きている私たちに課せられた大きな使命だと思います。

附録

『三字経』その他の項目

『三字経』の中で、子どもたちへの「学びのすすめ」とは直接関係のない部分をここにまとめておきました。これらは『三字経』の流れでいうと、本文番号の21と22の間に入ります。

内容は、中国の古典である四書五経の成り立ちや、古代から宋に至るまでの王朝の歴史が三字四行の形式で述べられています。

特別に解説が必要とされるような内容ではないため、ここでは本文と訓読、および大意と注のみを掲載してあります。

●教え方の工夫

凡訓蒙
須講究
詳訓詁
明句読

凡《およ》そ蒙《もう》に訓《おし》うるは
須《すべか》らく講究《こうきゅう》すべし
訓詁《くんこ》を詳《つまび》らかにし
句読《くとう》を明《あき》らかにす

《大　意》

小さな子どものような世の道理を知らない者たちに教えるためには、物事をよく突き詰めて調べておくことが大切である。

そして字句の意味を詳しく説明して、その読み方を明らかにするのである。

●学問の順序

為学者　学《がく》を為《な》す者《もの》は
必有初　必《かなら》ず初《はじ》め有《あ》り
小学終　小学《しょうがく》終《お》わりて
至四書　四書《ししょ》に至《いた》れ

《大　意》

学問を始めるときには、第一に学ばなくてはいけない入門書というものがある。まず文字や言葉の意味を解釈する『小学』を学び、それを終えてから四書に至るというのが正しい学問の道筋である。

＊『小学』は朱子の門人・南宋の劉子澄《りゅうしちょう》の著。

●『論語』の成り立ち

論語者　論語《ろんご》は
二十篇　二十篇《にじゅっぺん》
群弟子　群弟子《ぐんていし》
記善言　善言《ぜんげん》を記《しる》す

《大　意》

『論語』は二十篇からできている。

これはたくさんの孔子の弟子たちが師の話した道理にかなったよい言葉を記したものである。

＊『論語』の二十篇とは、学而、為政《いせい》、八佾《はちいつ》、里仁《りじん》、公冶長《こうやちょう》、雍也《ようや》、述而、泰伯《たいはく》、子罕、郷党《きょうとう》、先《せん》進《しん》、顔淵《がんえん》、子路《しろ》、憲問《けんもん》、衛霊公《えいれいこう》、季氏《きし》、陽貨《ようか》、微子《びし》、子張《しちょう》、堯曰《ぎょうえつ》。

●『孟子』の成り立ち

孟子者　孟子《もうし》は
七篇止　七篇《しちへん》にして止《や》む
講道徳　道徳《どうとく》を講《こう》じ
説仁義　仁義《じんぎ》を説《と》く

《大意》
『孟子』は七篇ある。
道徳を教え、仁義を説いている。

＊『孟子』の七篇とは、梁恵王《りょうけいおう》、公孫丑《こうそんちゅう》、滕文公《とうぶんこう》、離婁《りろう》、万章《ばんしょう》、告子《こくし》、尽心《じんしん》。

●『中庸』の成り立ち

作中庸　中庸《ちゅうよう》を作《つく》るは
乃孔伋　乃《すなわ》ち孔伋《こうきゅう》
中不偏　中《ちゅう》にして偏《かたよ》らず
庸不易　庸《よう》にして易《か》わらず

《大　意》

『中庸』を作ったのは孔子の孫である孔伋（子思）である。
その内容は公正であって偏ることがなく、永久に不変の道理を説いている。

●『大学』の成り立ち

作大学　大学《だいがく》を作《つく》るは
乃曾子　乃《すなわ》ち曾子《そうし》
自修斉　修斉《しゅうせい》より
至平治　平治《へいち》に至《いた》る

《大　意》

『大学』を作ったのは孔子の弟子の曾子である。自らの身を修めて家をととのえることから、天下を平らかにし、国家を治めるに至るまでの条項が段階的に説かれている。

＊『大学』は「明明徳」「親民」「止於至善」の三綱領と「格物」「致知」「誠意」「正心」「修身」「斉家」「治国」「平天下」の八条目からなる。

●『孝経』から四書六経へ

孝経通　孝経通《こうきょうつう》じ
四書熟　四書熟《ししょじゅく》し
如六経　六経《りくけい》のごとき
始可読　始《はじ》めて読《よ》むべし

《大　意》
『孝経』の内容を十分に理解し、四書を熟読してはじめて、六経を読むべきである。

＊四書は『論語』『大学』『中庸』『孟子』。六経は『易経』『書経』『詩経』『礼記』『春秋』の五経に『楽経』を加えるが、ここでは『楽経』ではなく『周礼《しゅらい》』を入れている。四書は南宋の朱子（朱熹）が提唱したもので、『大学』と『中庸』は『礼記』にある大学篇と中庸篇がもとになっている。『孝経』は、「孝」について孔子が曾子の問いに答えるという問答形式で書かれている。

●六経の内訳

詩書易
礼春秋
号六経
当講求

詩書易《ししょえき》
礼春秋《れいしゅんじゅう》は
六経《りくけい》と号《ごう》す
当《まさ》に講求《こうきゅう》すべし

《大　意》

『詩経』『書経』『易経』『周礼』『礼記』『春秋』を六経という。
これらもよく研究し、正しく学ばなければならない。

＊この「礼」を『三字経』では『周礼』『礼記』の二冊に分けている。儒教の経書（経典）のまとめ方にはさまざまあり、時代によっても変わっている。七経、九経、十二経、十三経といったくくり方もある。

●三易の内訳

有連山　連山《れんざん》有《あ》り
有帰蔵　帰蔵《きぞう》有《あ》り
有周易　周易《しゅうえき》有《あ》りて
三易詳　三易《さんえき》詳《つまび》らかなり

《大　意》
『連山易』『帰蔵易』『周易』は「三易」と呼ばれており、易のことはこの三冊に詳しく述べられている。

●『書経』の成り立ち

有典謨　典謨《てんぼ》有《あ》り
有訓誥　訓誥《くんこう》有《あ》り
有誓命　誓命《せいめい》有《あ》り
書之奥　書《しょ》の奥《おう》なり

《大意》
古代中国の聖帝の言行を整理した歴史書である『書経』は、典、謨、訓、誥、誓、命の六つの文体で書かれている。これらが『書経』の奥義である。

＊典は優れた言行や法令制度を記すときの文体、謨は臣下が君主に国家運営を相談するときの文体、訓は臣下が君主に諫言《かんげん》するときの文体、誥は君主が臣下に政令を下すときの文体、誓は君主が軍を動かすときの誓文や命令書の文体、命は君主が臣下に命令を下すときの文体である。

●『周礼』の成り立ち

我周公
作周礼
著六官
存治体

我《わ》が周公《しゅうこう》
周礼《しゅらい》を作《つく》り
六官《りくかん》を著《あらわ》して
治体《ちたい》を存《そん》す

《大　意》

武王の弟である我が周公（周公旦《こうたん》）は『周礼』を著した。国政を司る官職を六つに分けて、国の統治体制を確立した。

＊六官には国政を所管する天官、教育を所管する地官、祭礼を所管する春官、軍政を所管する夏官、法務を所管する秋官、土木工事を所管する冬官がある。それぞれの長官を大宰（天官）、大司徒（地官）、大宗伯（春官）、大司馬（夏官）、大司寇（秋官）、大司空（冬官）という。

●『礼記』の成り立ち

大小戴　大小戴《だいしょうたい》
注礼記　礼記《らいき》を注《ちゅう》し
述聖言　聖言《せいげん》を述《の》べて
礼楽備　礼楽《れいがく》備《そな》わる

《大　意》

前漢の時代の学者、戴徳《たいとく》と戴聖《たいせい》は『礼記』に注釈を施し、聖人の言葉を解説した。これによって礼楽制度が整備された。

＊大戴とは戴徳のこと、小戴は戴聖。戴聖は戴徳の甥にあたる。それぞれ『礼記』を編纂。戴徳の編纂したものを『大戴礼記』、戴聖の編纂したものを『小戴礼記』という。

●『詩経』の成り立ち

曰国風　曰《い》わく国風《こくふう》
曰雅頌　曰《い》わく雅頌《がしょう》
号四詩　四詩《しし》と号《ごう》す
当諷詠　当《まさ》に諷詠《ふうえい》すべし

《大　意》
『詩経』に記された各地方の民謡（国風）、朝廷や貴族の宴で歌われた歌謡（小雅・大雅）、宗廟での祭祀に用いられた先祖を讃える歌（頌）を四詩という。
これらはまさに吟詠すべきものである。

＊『詩経』は五経の一つ。孔子が編纂したといわれる中国最古の詩歌集。

●『春秋』の成り立ち

詩既亡
春秋作
寓褒貶
別善悪

詩既《すで》に亡《ほろ》び
春秋《しゅんじゅう》作《おこ》る
褒貶《ほうへん》を寓《ぐう》し
善悪《ぜんあく》を別《わか》つ

《大　意》

『詩経』を作ることができなくなると、孔子は『春秋』という歴史書を著した。

その中で、歴史上の人物や出来事を、あるときは評価し、あるときは批判して、善と悪に区別していった。

●『春秋』の内訳

三伝者　　三伝《さんでん》は
有公羊　　公羊《くよう》有《あ》り
有左氏　　左氏《さし》有《あ》り
有穀梁　　穀梁《こくりょう》有《あ》り

《大　意》

三伝とは『春秋公羊伝』『春秋左氏伝』『春秋穀梁伝』である。

＊五経の一つ、中国春秋時代の歴史を編年体で記した『春秋』といわれる書物には「公羊伝」「左氏伝」「穀梁伝」の三伝がある。

●六経から諸子百家へ

経既明
方読子
撮其要
記其事

経《けい》既《すで》に明《あき》らかにして
方《まさ》に子《し》を読《よ》み
其《そ》の要《よう》を撮《と》り
其《そ》の事《こと》を記《しる》す

《大　意》
六経に明るくなったところで、次は道家や墨家《ぼっか》などの諸子百家を読み、その要点をまとめて内容を記憶するといいだろう。

＊諸子とは孔子・老子・荘子・墨子・孟子・荀子などの人の名を指し、百家とは儒家・道家・墨家・法家などの学派を指す。

●五子

五子者　　五子《ごし》は
有荀揚　　荀揚《じゅんよう》有《あ》り
文中子　　文中子《ぶんちゅうし》
及老荘　　及《およ》び老荘《ろうそう》

《大　意》

五子とは、荀子と揚雄《ようゆう》、文中子および老子、荘子である。

＊荀子は戦国時代の思想家。「性悪説」を唱えたことで知られる。揚雄は前漢末から後漢にかけての学者・文人。『易経』『論語』に影響を受けた『太玄経《たいげんきょう》』『揚子法言《ようしほうげん》』を残した。文中子は隋の儒学者王通《おうとう》のこと。衰退していた儒学の再興を目指し、一千人ともいわれる弟子たちの教育に尽力した。三十三歳で早逝するが、死後、『論語』をまねて弟子たちとの問答をまとめた『文中子中説《ちゅうせつ》』が出された。

●王朝の歴史を知る

経子通　　経子《けいし》通《つう》じて
読諸史　　諸史《しょし》を読《よ》み
考世系　　世系《せいけい》を考《かんが》え
知終始　　終始《しゅうし》を知《し》る

《大　意》

経典と諸子に通じたならば、中国諸王朝の歴史書を読んで歴代の系譜を考え、王朝の始まりと終わりを知る。

●三皇の時代

自羲農　羲農《ぎのう》より
至黄帝　黄帝《こうてい》に至《いた》るまで
号三皇　三皇《さんこう》と号《ごう》し
居上世　上世《じょうせい》に居《お》り

《大　意》

中国古代に存在した伝説的な三人の天子、伏羲《ふっき》・神農《しんのう》・黄帝を三皇と呼ぶ。

＊伏羲は八卦《はっけ》を作り、婚姻制度を整えて民に漁や牧畜を教えた。神農は人身にして牛首を持つ。人々に農耕と医薬を教え、神農大帝と呼ばれて農業と医薬の神として尊敬を集めた。黄帝は三皇の次の五帝の最初の人物とされる場合もある。貨幣や暦《こよみ》を定めたといわれる。

●堯舜の時代

唐有虞
号二帝
相揖遜
称盛世

唐有虞《とうゆうぐ》
二帝《にてい》と号《ごう》す
相揖遜《あいゆうそん》して
盛世《せいせい》と称《しょう》す

《大　意》

徳をもって理想的な仁政を行った堯（唐。姓は陶唐氏）と舜（有虞）は二帝と呼ばれる。二人はそれぞれ有徳の士に帝位を譲り、彼らが統治した世は盛世（国力が盛んな時代）といわれた。

＊揖遜とは平和的に地位を譲ること、禅譲《ぜんじょう》。これに対して、地位を奪い取ることを簒奪《さんだつ》と呼ぶ。堯は舜に、舜は禹《う》に、それぞれ帝位を禅譲した。

●三王の時代

夏有禹　夏《か》の有禹《ゆうう》
商有湯　商《しょう》の有湯《ゆうとう》
周文武　周《しゅう》の文武《ぶんぶ》
称三王　三王《さんおう》と称《しょう》す

《大　意》

夏の禹王、商（殷）の湯王、周の文王・武王は三王と呼ばれる。

＊禹は黄河の治水事業の功績によって舜から帝位を禅譲され、夏王朝を開いた。湯王は夏の桀王《けつおう》を倒して商（殷）王朝を開いた。文王は周王朝の始祖にあたり、次男の武王が殷の紂王《ちゅうおう》を討伐して周王朝を建てた。呂尚《りょしょう》（太公望）や周公旦が武王の側近として仕えた。

●夏王朝の興亡

夏伝子　夏《か》は子《こ》に伝《つた》え
家天下　天下《てんか》を家《いえ》とす
四百載　四百載《しひゃくさい》
遷夏社　夏《か》の社《しゃ》を遷《うつ》す

《大　意》

夏は帝位を子に継承し、天下を自らの家とみなした。
四百年後、夏の天下は商（殷）に移った。

＊夏の最後の王となった桀は文武に通じた人物だったが、一方で残忍な性格で、民から搾取《さくしゅ》し、贅《ぜい》の限りを尽くした。その結果、諸侯は桀王に叛き、人徳のある商の湯王につき、湯王は夏を滅ぼした。

●商（殷）王朝の興亡

湯　伐　夏　　湯夏《とうか》を伐《う》ち
国　号　商　　国《くに》を商《しょう》と号《ごう》す
六　百　載　　六百載《ろっぴゃくさい》
至　紂　亡　　紂《ちゅう》に至《いた》りて亡《ほろ》ぶ

《大　意》
湯王は夏を討って国号を商（殷）とした。商は三十代、六百年にわたって続いたが、紂王の時代に滅亡した。

＊商の最後の王となった紂王は聡明であったが、臣下の諫言に耳を貸さず、愛妾《あいしょう》に溺れ、享楽にふけり、「酒池肉林《しゅちにくりん》」と表現されるような贅沢な宴会を連日のように開いた。「夏桀殷紂」といわれ、夏の桀王と並び暴君の代表とされた。しかし、牧野《ぼくや》の戦いで周の武王に敗れて自殺。商王朝は滅亡した。

●周王朝の繁栄

周武王
始誅紂
八百載
最長久

周《しゅう》の武王《ぶおう》
始《はじ》めて紂《ちゅう》を誅《ちゅう》し
八百載《はっぴゃくさい》
最《もっと》も長久《ちょうきゅう》なり

《大　意》
周の武王は紂王を誅殺し、周王朝を開いた。
周の時代は八百年にわたり、最も長く存続した王朝であった。

●周王朝の没落

周轍東　周東《しゅうひがし》に轍《てつ》し
王綱墜　王綱《おうこう》墜《お》ち
逞干戈　干戈《かんか》を逞《たくま》しくし
尚遊説　遊説《ゆうぜい》を尚《とうと》ぶ

《大　意》
前七七〇年、周の平王が都を東の洛陽に遷すと、権力は衰えた。各地で戦乱が頻発し、諸侯は国のあり方を説いて回る遊説家を重宝するようになった。

●春秋戦国時代

始春秋　春秋《しゅんじゅう》に始《はじ》まり
終戦国　戦国《せんごく》に終《おわ》る
五覇強　五覇《ごは》強《つよ》く
七雄出　七雄《しちゆうい》出ず

《大　意》
春秋時代が始まり、戦国時代が終わるまでに、五人の覇者が次々と権力を振るい、七つの強国が出現した。

＊五覇とは、斉の桓公、晋の文公、秦の穆公《ぼくこう》、宋の襄公《じょうこう》、楚の荘王のこと。七雄は、韓・魏・趙・斉・秦・楚・燕の七国。

●秦王朝の興亡

嬴　秦　氏　　嬴秦氏《えいしんし》
始　兼　幷　　始《はじ》めて兼《か》ね幷《あわ》せ
伝　二　世　　二世《にせい》に伝《つた》え
楚　漢　争　　楚漢争《そかんあらそ》う

《大　意》

戦国七雄のうち天下を統一したのは秦王嬴政《えいせい》であった。

彼は始皇帝となり、帝位を息子の胡亥《こがい》に伝えたが、胡亥は統治に失敗し、間もなく楚と漢が覇権を争うこととなった。

●漢王朝の成立と混乱

高祖興
漢業建
至孝平
王莽簒

高祖《こうそ》興《おこ》りて
漢業《かんぎょう》建《た》ち
孝平《こうへい》に至《いた》りて
王莽簒《おうもううば》う

《大　意》
漢の高祖（劉邦《りゅうほう》）が興起して漢王朝を開いたが、幼帝であった平帝の時代に王莽によって帝位は簒奪された。

＊王莽は漢王朝の軍事を司る大司馬として権勢を誇ったが、哀帝の時代に一時失脚。哀帝が亡くなると平帝の後ろ盾となって返り咲き、権力を握る。自ら皇帝となることを画策し、偽文書を根拠に禅譲を受けたと宣言し、新を建てる。しかし、各地で反乱が起こり、混乱の中で殺され、新は滅んだ。

●後漢の興亡

光武興
為東漢
四百年
終於献

光武《こうぶ》興《おこ》り
東漢《とうかん》と為《な》す
四《し》百年《ひゃくねん》
献《けん》に終《おわ》る

《大　意》

光武帝が漢王朝を再興した。これは東漢（後漢）と呼ばれている。

前漢・後漢あわせて漢王朝は四百年あまりの間存続したが、献帝のときに滅亡した。

＊光武帝の「光」は漢王朝を再興したところからつけられたといわれる。

●三国時代

魏蜀呉　魏蜀呉《ぎしょくご》
争漢鼎　漢鼎《かんてい》を争《あらそ》う
号三国　三国《さんごく》と号《ごう》し
迄両晋　両晋《りょうしん》に迄《およ》ぶ

《大　意》

魏・呉・蜀の三国が漢王朝の帝位を争った。
この時代を三国時代と呼び、その後、西晋・東晋の時代へと続いていく。

●南朝の興亡

宋　斉　継
梁　陳　承
為　南　朝
都　金　陵

宋斉《そうせい》継《つ》ぎ
梁陳《りょうちん》承《う》く
南朝《なんちょう》と為《な》し
金陵《きんりょう》に都《みやこ》す

《大　意》

次に宋王朝と斉王朝が帝位を継ぎ、さらに梁王朝と陳王朝がそれを承けた。この時代を南朝といい、金陵を都とした。

＊宋は東晋の将軍劉裕《りゅうゆう》が帝位を禅譲されて建国。斉は斉王蕭道成《しょうどうせい》が帝位を禅譲されて建国。梁は蕭衍《しょうえん》が帝位を簒奪して建国。陳は梁から帝位を禅譲されて建国。金陵は現在の南京市。

●北朝の興亡

北元魏　　北元魏《ほくげんぎ》
分東西　　東西《とうざい》を分《わ》かち
宇文周　　宇文周《うぶんしゅう》と
与高斉　　高斉《こうせい》と

《大　意》

北朝は鮮卑《せんぴ》族の拓跋珪《たくばつけい》の建てた北魏に始まった。

それが内乱によって東魏と西魏に分かれ、さらに西魏は宇文覚の建てた北周となり、東魏は高洋の建てた北斉となった。

●隋の興亡

迨至隋　隋《ずい》に至《いた》るに迨《およ》び
一土宇　一土宇《いちどう》
不再伝　再《ふたた》び伝《つた》わらず
失統緒　統緒《とうしょ》を失《うしな》う

《大　意》
隋に至り、天下は楊堅《ようけん》の手によって統一された。しかし、その天下は再び伝わらず、隋王朝の血筋は途絶えた。

＊隋の第二代皇帝の煬帝《ようだい》のとき、日本から小野妹子が遣隋使として渡っている。そのときに倭王が煬帝に宛てた国書は「日出處天子致書日沒處天子無恙」（日出ずる処の天子、書を日没する処の天子に致す。恙無《つつがな》しや）という有名な書き出しで始まっている。

●唐の成り立ち

唐高祖
起義師
除隋乱
創国基

唐《とう》の高祖《こうそ》
義師《ぎし》を起《お》こし
隋《ずい》の乱《らん》を除《のぞ》き
国基《こくき》を創《はじ》む

《大　意》

唐の高祖（李淵《りえん》）は義兵を起こし、隋の混乱を鎮めて、国の礎を築いた。

●唐から梁へ

二十伝
三百載
梁滅之
国乃改

二十伝《にじゅうでん》
三百載《さんびゃくさい》
梁之《りょうこれ》を滅《ほろぼ》し
国乃《くにすなわ》ち改《あらた》まる

《大　意》

唐は二十代三百年にわたって続いたが、梁がこれを滅ぼして、国号は唐から梁へと改まった。

●五代の興亡

梁唐晋
及漢周
称五代
皆有由

梁唐晋《りょうとうしん》
及《およ》び漢周《かんしゅう》
五代《ごだい》と称《しょう》す
皆《みな》由《よ》ること有《あ》り

《大　意》

後梁、後唐、後晋、および後漢、後周を五代と称する。これらの国の興亡にはそれぞれ理由がある。

＊五代とは九〇七年の唐の滅亡後に華北に建てられた五つの王朝。短期間で興亡を繰り返した。後梁（九〇七〜九二三）、後唐（九二三〜九三六）、後晋（九三六〜九四六）、後漢（九四七〜九五〇）、後周（九五一〜九六〇）と続く。

●宋王朝の成り立ち

炎　宋　興
受　周　禅
十　八　伝
南　北　混

炎宋興《えんそうおこ》り
周《しゅう》の禅《ゆず》りを受《う》け
十八伝《じゅうはちでん》
南北混《なんぼくこん》ず

《大　意》
宋王朝が興り、後周の禅譲を受けた趙匡胤《ちょうきょういん》が太祖となって即位した。
宋王朝は北宋、南宋をあわせて十八代続いた。

●十七史

十七史
全在茲
載治乱
知興衰

十七史《じゅうしちし》
全《まった》く茲《ここ》に在《あ》り
治乱《ちらん》を載《の》せ
興衰《こうすい》を知《し》る

《大　意》

中国の十七王朝の歴史が綴られた十七史の大略をすべてここに示した。歴史書を読むと治乱の過程が明らかになり、王朝の興亡の変遷を知ることができる。

＊十七史とは中国歴代王朝の正史の総称で、史記・漢書・後漢書・三国志・晋書・宋書・南斉書・梁書・陳書・魏書・北斉書・周書・隋書・南史・北史・新唐書・新五代史の十七書が入る。

おわりに

人生を何を軸として生きるか。自分の存在価値をどこに求めるか。不安や後悔にとらわれたらどうするか。対人関係で悩んだらどうするか。何を受け継ぎ、何を伝えればいいのか。何が幸福なのか。

こうした根本的な問いに『三字経』は端的に答えます。それは、「学ぶ」ことだと。人として踏み行なうべき基本を学び、勉強を若い時からしっかりして社会に役立つ仕事をする。それが善い生き方なのだ、と迷いなく、子どもたちに伝えています。

こうして『三字経』を読み終えてみると、みなさんも「何とも一貫して学びを強調しているなあ」という感想を持たれたのではないでしょうか。

一貫性というのは、思想にとって、教育にとって生命です。一つのもので貫いているという強さが大切なのです。

孔子は、自分はもの知りではなく、「一以って之を貫く」者であると言っています。「一」は、仁とも忠恕とも学ぶ精神とも考えられますが、「一」で貫く者だという表現が力強い。『三字経』はまさに「一」で貫かれた書物です。

教える側に確信があるからこそ、子どもたちに大切なことが伝わります。「学ぶとはこれほど大切なことなのだ！」と熱く、繰り返し語ることで、習い性となるのです。

心理学者のアドラーは、環境や劣等感を言い訳にするのではなく、それをバネにしなさいと言います。未来は自分が決めるもの。体験から学ぶことが大切だ。しっかり仕事、交友、愛の三つの人生の課題に向きあい、困難を克服する勇気を持てと言っています。

東西、時代を超えて、『三字経』と通じるものがあるように思います。自ら学び続ける習慣を持った人間は、精神的な強さを技として持ちます。

『三字経』という古典が世に知られることによって、学びによって精神的な強さを培う文化がより栄えることを祈っています。

最後に、本書の出版にあたり、お世話になりました藤尾秀昭社長、取材をしてくださった同書籍編集部の小森俊司さん、小松実紗子さん、原稿をまとめ、編集をしていただいた柏木孝之さんに御礼申し上げます。

平成二十八年九月十五日

齋藤　孝

『三字経』素読用読み下し文・原文

人《ひと》の初《はじ》め　性本善《せいもとぜん》　性相近《せいあいちか》し　習《なら》い相遠《あいとお》し

苟《いやし》くも教《おし》えずんば　性乃《せいすなわ》ち遷《うつ》る

教《おし》えの道《みち》は　専《もっぱ》らを以《もっ》て貴《とうと》ぶ

昔孟母《むかしもうぼ》　鄰《となり》を択《えら》びて処《お》り　子学《こまな》ばざれば　機杼《きちょ》を断《た》つ

竇燕山《とうえんざん》　義方有《ぎほうあ》り　五子《ごし》を教《おし》え　名《な》を倶《とも》に揚《あ》ぐ

養《やしな》いて教《おし》えざるは　父《ちち》の過《あやまち》ちなり

教《おし》えて厳《げん》ならざるは　師《し》の惰《おこたり》なり

子《こ》として学《まな》ばざるは　宜《よろ》しき所《ところ》に非《あら》ず

幼《よう》にして学《まな》ばざれば　老《お》いて何《なに》をか為《な》さん

玉琢《たまみが》かざれば　器《き》を成《な》さず　人学《ひとまな》ばざれば　義《ぎ》を知《し》らず

人《ひと》の子《こ》と為《な》りては　少《わか》き時《とき》に方《あた》りて

師《し》友《ゆう》に親《した》しみ　礼儀《れいぎ》を習《なら》え

香《こう》は九齢《きゅうれい》にして　能《よ》く席《せき》を温《あたた》む

親《おや》に孝《こう》あるは　当《まさ》に執《と》るべき所《ところ》なり

融《ゆう》は四歳《しさい》にして　能《よ》く梨《なし》を譲《ゆず》る

長《ちょう》に弟《てい》あるは　宜《よろ》しく先《ま》ず知《し》るべし

孝弟《こうてい》を首《はじめ》とし　次《つぎ》に見聞《けんぶん》　某《それぞれ》の数《すう》を知《し》り　某《それぞれ》の文《ぶん》を識《し》る

一《いち》よりして十《じゅう》　十《じゅう》よりして百《ひゃく》

百《ひゃく》よりして千《せん》　千《せん》よりして万《まん》

三才《さんさい》とは　天地人《てんちじん》　三光《さんこう》とは　日月星《じつげつせい》

三綱《さんこう》とは　君臣《くんしん》の義《ぎ》　父子《ふうし》の親《しん》　夫婦《ふうふ》の順《じゅん》なり

曰《い》わく春夏《しゅんか》　曰《い》わく秋冬《しゅうとう》　此《こ》の四時《しいじ》　運《めぐ》りて窮《きわ》まらず

曰《い》わく南北《なんぼく》　曰《い》わく西東《せいとう》　此《こ》の四方《しほう》　中《ちゅう》に応《おう》ず

曰《い》わく水火《すいか》　木金土《もくきんど》　此《こ》の五行《ごぎょう》は　数《すう》に本《もと》づく

曰《い》わく仁義《じんぎ》　礼智信《れいちしん》　此《こ》の五常《ごじょう》は　容《まさ》に紊《みだ》るべからず

稲粱《とうりょう》　菽《しゅく》　麦黍稷《ばくしょしょく》　此《こ》の六穀《りくこく》は　人《ひと》の食《くら》う所《ところ》

馬牛羊《ばぎゅうよう》　鶏犬豕《けんけんし》　此《こ》の六畜《りくちく》は　人《ひと》の飼《か》う所《ところ》

曰《い》わく喜怒《きど》　曰《い》わく哀懼《あいく》　愛悪欲《あいおよく》　七情具《しちじょうそな》わる

匏土革《ほうどかく》　木石金《ぼくせききん》と　糸竹《しちく》と　乃《すなわ》ち八音《はちおん》

高曾祖《こうそうそ》　父《ちち》よりして身《み》　身《み》よりして子《こ》　子《こ》よりして孫《まご》

子孫《しそん》より　玄曾《げんそう》に至《いた》る　乃《すなわ》ち九族《きゅうぞく》　人《ひと》の倫《りん》なり

父子《ふし》は恩《おん》　夫婦《ふうふ》は従《じゅう》　兄《けい》は則《すなわ》ち友《ゆう》　弟《てい》は則《すなわ》ち恭《きょう》

長幼序《ちょうようじょ》あり　友《ゆう》と朋《ほう》と　君《きみ》は則《すなわ》ち敬《けい》　臣《しん》は則《すなわ》ち忠《ちゅう》

此《こ》の十義《じゅうぎ》は　人《ひと》の同《おな》じくする所《ところ》なり

凡《およ》そ蒙《もう》に訓《おし》うるは　須《すべか》らく講究《こうきゅう》すべし

訓詁《くんこ》を詳《つまびら》かにし　句読《くとう》を明《あき》らかにす

学《がく》を為《な》す者《もの》は　必《かなら》ず初《はじ》め有《あ》り　小学《しょうがく》終《お》わりて　四書《ししょ》に至《いた》れ

論語《ろんご》は　二十篇《にじゅっぺん》　群弟子《ぐんていし》　善言《ぜんげん》を記《しる》す

孟子《もうし》は　七篇《しちへん》にして止《や》む　道徳《どうとく》を講《こう》じ　仁義《じんぎ》を説《と》く

中庸《ちゅうよう》を作《つく》るは　乃《すなわ》ち孔伋《こうきゅう》

中《ちゅう》にして偏《かたよ》らず　庸《よう》にして易《か》わらず

大学《だいがく》を作《つく》るは　乃《すなわ》ち曾子《そうし》　修斉《しゅうせい》より　平治《へいち》に至《いた》る

孝経《こうきょう》通《つう》じ　四書《ししょ》熟《じゅく》し　六経《りくけい》のごとき　始《はじ》めて読《よ》むべし

詩書易《ししょえき》　礼春秋《れいしゅんじゅう》は　六経《りくけい》と号《ごう》す　当《まさ》に講求《こうきゅう》すべし

連山《れんざん》有《あ》り　帰蔵《きぞう》有《あ》り　周易《しゅうえき》有《あ》りて　三易《さんえき》詳《つまび》らかなり

典謨《てんぼ》有《あ》り　訓誥《くんこう》有《あ》り　誓命《せいめい》有《あ》り　書《しょ》の奥《おう》なり

我《わ》が周公《しゅうこう》　周礼《しゅらい》を作《つく》り　六官《りくかん》を著《あらわ》して　治体《ちたい》を存《そん》す

大小戴《だいしょうたい》　礼記《らいき》を注《ちゅう》し　聖言《せいげん》を述《の》べて　礼楽《れいがく》備《そな》わる

曰《い》わく国風《こくふう》　曰《い》わく雅頌《がしょう》　四詩《しし》と号《ごう》す　当《まさ》に諷詠《ふうえい》すべし

詩既《しすで》に亡《ほろ》び　春秋《しゅんじゅう》作《おこ》る　褒貶《ほうへん》を寓《ぐう》し　善悪《ぜんあく》を別《わか》つ

三伝《さんでん》は　公羊《くよう》有《あ》り　左氏《さし》有《あ》り　穀梁《こくりょう》有《あ》り

経既《けいすで》に明《あき》らかにして　方《まさ》に子《し》を読《よ》み

其《そ》の要《よう》を撮《と》り　其《そ》の事《こと》を記《しる》す

五子《ごし》は　荀揚《じゅんよう》有《あ》り　文中子《ぶんちゅうし》　及《およ》び老荘《ろうそう》

経子《けいし》通《つう》じて　諸史《しょし》を読《よ》み　世系《せいけい》を考《かんが》え　終始《しゅうし》を知《し》る

羲農《ぎのう》より　黄帝《こうてい》に至《いた》るまで　三皇《さんこう》と号《ごう》し　上世《じょうせい》に居《お》り

唐有虞《とうゆうぐ》 二帝《にてい》と号《ごう》す 相揖遜《あいゆうそん》して 盛世《せいせい》と称《しょう》す

夏《か》の有禹《ゆうう》 商《しょう》の有湯《ゆうとう》 周《しゅう》の文武《ぶんぶ》 三王《さんおう》と称《しょう》す

夏《か》は子《こ》に伝《つた》え 天下《てんか》を家《いえ》とす 四百載《しひゃくさい》 夏《か》の社《しゃ》を遷《うつ》す

湯《とう》夏《か》を伐《う》ち 国《くに》を商《しょう》と号《ごう》す 六百載《ろっぴゃくさい》 紂《ちゅう》に至《いた》りて亡《ほろ》ぶ

周《しゅう》の武王《ぶおう》 始《はじ》めて紂《ちゅう》を誅《ちゅう》し 八百載《はっぴゃくさい》 最《もっと》も長久《ちょうきゅう》なり

周《しゅう》東《ひがし》に轍《てつ》し 王綱《おうこう》墜《お》ち 干戈《かんか》を逞《たくま》しくし 遊説《ゆうぜい》を尚《とうと》ぶ

春秋《しゅんじゅう》に始《はじ》まり 戦国《せんごく》に終《お》わる 五覇《ごは》強《つよ》く 七雄《しちゆう》出《い》ず

嬴秦氏《えいしんし》 始《はじ》めて兼《か》ね并《あわ》せ 二世《にせい》に伝《つた》え 楚漢《そかん》争《あらそ》う

高祖《こうそ》興《おこ》りて　漢業《かんぎょう》建《た》ち　孝平《こうへい》に至《いた》りて　王莽《おうもう》簒《うば》う

光武《こうぶ》興《おこ》り　東漢《とうかん》と為《な》す　四百年《しひゃくねん》　献《けん》に終《おわ》る

魏蜀呉《ぎしょくご》　漢鼎《かんてい》を争《あらそ》う　三国《さんごく》と号《ごう》し　両晋《りょうしん》に迄《およ》ぶ

宋斉継《そうせいつ》ぎ　梁陳承《りょうちんう》く　南朝《なんちょう》と為《な》し　金陵《きんりょう》に都《みやこ》す

北元魏《ほくげんぎ》　東西《とうざい》を分《わ》かち　宇文周《うぶんしゅう》と　高斉《こうせい》と

隋《ずい》に至《いた》るに迨《およ》び　一土宇《いちどう》　再《ふたた》び伝《つた》わらず　統緒《とうしょ》を失《うしな》う

唐《とう》の高祖《こうそ》　義師《ぎし》を起《お》こし　隋《ずい》の乱《らん》を除《のぞ》き　国基《こくき》を創《はじ》む

二十伝《にじゅうでん》　三百載《さんびゃくさい》　梁之《りょうこれ》を滅《ほろ》ぼし　国乃《くにすなわ》ち改《あらた》まる

梁唐晋《りょうとうしん》　及《およ》び漢周《かんしゅう》　五代《ごだい》と称《しょう》す　皆由《みなよ》ること有《あ》り

炎宋興《えんそうおこ》り　周《しゅう》の禅《ゆず》りを受《う》け　十八伝《じゅうはちでん》　南北混《なんぼくこん》ず

十七史《じゅうしちし》　全《まった》く茲《ここ》に在《あ》り　治乱《ちらん》を載《の》せ　興衰《こうすい》を知《し》る

史《し》を読《よ》む者《もの》は　実録《じつろく》を考《かんが》え

古今《ここん》に通《つう》じ　親目《しんもく》するがごとし

口《くち》にして誦《しょう》し　心《こころ》にして惟《おも》い

朝《あさ》にも斯《ここ》に於《おい》てし　夕《ゆうべ》にも斯《ここ》に於《おい》てす

昔孔子《むかしこうし》は　項橐《こうたく》を師《し》とす　古《いにしえ》の聖賢《せいけん》すら　尚《な》お勤《つと》め学《まな》ぶ

趙中令《ちょうちゅうれい》　魯論《ろろん》を読《よ》む　彼既《かれすで》に仕《つか》え　学《まな》び且《か》つ勤《つと》む

蒲編《ほへん》を披《ひら》き　竹簡《ちくかん》を削《けず》る

彼書無《かれしょな》きも　且《か》つ勉《つと》むるを知《し》る

頭《こうべ》を梁《はり》に懸《か》け　錐《きり》を股《もも》に刺《さ》す

彼教《かれおし》えざれども　自《みずか》ら勤《つと》め苦《つと》む

如《も》しくは蛍《ほたる》を嚢《ふくろ》にし　如《も》しくは雪《ゆき》に映《えい》ず

家貧《いえまず》しと雖《いえど》も　学《まな》びて輟《や》まず

如《も》しくは薪《たきぎ》を負《お》い　如《も》しくは角《つの》に挂《か》く

身《み》は労《ろう》すと雖《いえど》も　猶《な》お卓《たか》きを苦《つと》む

蘇老泉《そろうせん》は　二十七《にじゅうしち》　始《はじ》めて憤《いきどお》りを発《はっ》し　書籍《しょせき》を読《よ》む

彼既《かれすで》に老《お》いて　猶《な》お遅《おそ》きを悔《く》ゆ

爾小生《なんじしょうせい》　宜《よろ》しく早《はや》く思《おも》うべし

梁灝《りょうこう》がごときは　八十二《はちじゅうに》にして

大廷《たいてい》に対《たい》し　多士《たし》に魁《かい》たり

彼既《かれすで》に成《な》り　衆異《しゅうこと》なりと称《しょう》す

爾小生《なんじしょうせい》　宜《よろ》しく志《こころざし》を立《た》つべし

瑩《えい》は八歳《はっさい》にして　能《よ》く詩《し》を詠《えい》じ

泌《ひつ》は七歳《しちさい》にして　能《よ》く棊《き》を賦《ふ》す

彼《かれ》は穎悟《えいご》にして　人《ひと》奇《き》と称《しょう》す

爾《なんじ》幼学《ようがく》　当《まさ》に之《これ》に効《なら》うべし

蔡文姫《さいぶんき》は　能《よ》く琴《こと》を弁《べん》じ　謝道韞《しゃどううん》は　能《よ》く詠吟《えいぎん》す

彼女子《かれじょし》にして　且《か》つ聡敏《そうびん》　爾男子《なんじだんし》　当《まさ》に自《みずか》ら警《いまし》むべし

唐《とう》の劉晏《りゅうあん》　方《まさ》に七歳《しちさい》　神童《しんどう》に挙《あ》げられ　正字《せいじ》と作《な》る

彼《かれ》は幼《よう》と雖《いえど》も　身《み》已《すで》に仕《つか》う　爾幼学《なんじようがく》　勉《つと》めて致《いた》せ

為《な》すこと有《あ》る者《もの》は　亦《ま》た是《か》くのごとし

犬《いぬ》は夜《よる》を守《まも》り　鶏《にわとり》は晨《あした》を司《つかさど》る

苟《いやし》くも学《まな》ばずんば　曷《なん》ぞ人《ひと》と為《な》さん

蚕《さん》は糸《いと》を吐《は》き　蜂《はち》は蜜《みつ》を醸《かも》す

人《ひと》学《まな》ばずんば　物《もの》に如《し》かず

幼《よう》にして学《まな》び　壮《そう》にして行《おこな》う

上《かみ》は君《きみ》を致《いた》し　下《しも》は民《たみ》を沢《うるほ》し

名声《めいせい》を揚《あ》げ　父《ふ》母《ぼ》を顕《あらわ》し　前《まえ》を光《て》らし　後《のち》を裕《ゆた》かにせよ

人《ひと》は子《こ》に遺《のこ》すに　金籯《きんえい》に満《み》つ
我《われ》は子《こ》に教《おし》うるに　惟《た》だ一経《いっけい》
勤《つと》むれば功《こう》有《あ》り　戯《たわむ》るれば益《えき》無《な》し
之《これ》を戒《いまし》めよや　宜《よろ》しく勉《つと》め力《つと》むべし

〔原　文〕

人之初　性本善　性相近　習相遠
苟不教　性乃遷　教之道　貴以専
昔孟母　択鄰処　子不学　断機杼
竇燕山　有義方　教五子　名倶揚
養不教　父之過　教不厳　師之惰
子不学　非所宜　幼不学　老何為
玉不琢　不成器　人不学　不知義
為人子　方少時　親師友　習礼儀
香九齢　能温席　孝於親　所当執
融四歳　能譲梨　弟於長　宜先知
首孝弟　次見聞　知某数　識某文

一而十　十而百　百而千　千而万
三才者　天地人　三光者　日月星
三綱者　君臣義　父子親　夫婦順
曰春夏　曰秋冬　此四時　運不窮
曰南北　曰西東　此四方　応乎中
曰水火　木金土　此五行　本乎数
曰仁義　礼智信　此五常　不容紊
稲粱菽　麦黍稷　此六穀　人所食
馬牛羊　鶏犬豕　此六畜　人所飼
曰喜怒　曰哀懼　愛悪欲　七情具
匏土革　木石金　与糸竹　乃八音

高曾祖　父而身　身而子　子而孫
自子孫　至玄曾　乃九族　人之倫
父子恩　夫婦従　兄則友　弟則恭
長幼序　友与朋　君則敬　臣則忠
此十義　人所同
凡訓蒙　須講究　詳訓詁　明句読
為学者　必有初　小学終　至四書
論語者　二十篇　群弟子　記善言
孟子者　七篇止　講道徳　説仁義
作中庸　乃孔伋　中不偏　庸不易
作大学　乃曾子　自修斉　至平治
孝経通　四書熟　如六経　始可読
詩書易　礼春秋　号六経　当講求

有連山　有帰蔵　有周易　三易詳
有典謨　有訓誥　有誓命　書之奥
我周公　作周礼　著六官　存治体
大小戴　注礼記　述聖言　礼楽備
曰国風　曰雅頌　号四詩　当諷詠
詩既亡　春秋作　寓褒貶　別善悪
三伝者　有公羊　有左氏　有穀梁
経既明　方読子　撮其要　記其事
五子者　有荀揚　文中子　及老荘
経子通　読諸史　考世系　知終始
自羲農　至黄帝　号三皇　居上世
唐有虞　号二帝　相揖遜　称盛世
夏有禹　商有湯　周文武　称三王

夏伝子　家天下　四百載　遷夏社
湯伐夏　国号商　六百載　至紂亡
周武王　始誅紂　八百載　最長久
周轍東　王綱墜　逞干戈　尚遊説
始春秋　終戦国　五霸強　七雄出
嬴秦氏　始兼幷　伝二世　楚漢争
高祖興　漢業建　至孝平　王莽簒
光武興　為東漢　四百年　終於献
魏蜀呉　争漢鼎　号三国　迄両晋
宋斉継　梁陳承　為南朝　都金陵
北元魏　分東西　宇文周　与高斉
迨至隋　一土宇　不再伝　失統緒
唐高祖　起義師　除隋乱　創国基

二十伝　三百載　梁滅之　国乃改
梁唐晋　及漢周　称五代　皆有由
炎宋興　受周禅　十八伝　南北混
十七史　全在玆　載治乱　知興衰
読史者　考実録　通古今　若親目
口而誦　心而惟　朝於斯　夕於斯
昔孔子　師項橐　古聖賢　尚勤学
趙中令　読魯論　彼既仕　学且勤
披蒲編　削竹簡　彼無量　且知勉
頭懸梁　錐刺股　彼不教　自勤苦
如嚢蛍　如映雪　家雖貧　学不輟
如負薪　如挂角　身雖労　猶苦卓
蘇老泉　二十七　始発憤　読書籍

彼既老　猶悔遅　爾小生　宜早思
若梁灝　八十二　対大廷　魁多士
彼既成　衆称異　爾小生　宜立志
瑩八歳　能詠詩　泌七歳　能賦棊
彼穎悟　人称奇　爾幼学　当效之
蔡文姫　能弁琴　謝道韞　能詠吟
彼女子　且聡敏　爾男子　当自警
唐劉晏　方七歳　挙神童　作正字
彼雖幼　身已仕　爾幼学　勉而致
有為者　亦若是
犬守夜　鶏司晨　苟不学　曷為人
蚕吐糸　蜂醸蜜　人不学　不如物
幼而学　壮而行　上致君　下沢民

揚名声　顕父母　光於前　裕於後
人遺子　金満籯　我教子　惟一教
勤有功　戯無益　戒之哉　宜勉力

〈著者略歴〉

齋藤 孝（さいとう・たかし）

昭和35年静岡県生まれ。東京大学法学部卒業。
同大学教育学研究科博士課程を経て、現在明治大学文学部教授。
専門は教育学、身体論、コミュニケーション技法。
著書に『子どもと声に出して読みたい「実語教」』『親子で読もう「実語教」』『子どもと声に出して読みたい「童子教」』『日本人の闘い方』『渋沢栄一とフランクリン』（いずれも致知出版社）など多数。

子どもの人間力を高める「三字経」

平成二十八年九月十五日第一刷発行

著者 齋藤 孝

発行者 藤尾 秀昭

発行所 致知出版社

〒150-0001 東京都渋谷区神宮前四の二十四の九

TEL（〇三）三七九六—二一一一

印刷・製本 中央精版印刷

落丁・乱丁はお取替え致します。（検印廃止）

ISBN978-4-8009-1124-7 C0095

ホームページ http://www.chichi.co.jp

Eメール books@chichi.co.jp

齋藤孝氏　おすすめ書籍

寺子屋で教えた教科書シリーズ

日本人1000年の教科書

「子どもと声に出して読みたい「実語教」」

寺子屋教育の原点

1000年前から親しまれてきた、
日本人の心を育んだ寺子屋教育の原点。

●定価＝本体1,400円＋税

あの二宮尊徳も学んでいた！

「子どもと声に出して読みたい「童子教」」

道徳観、倫理観が身に付く

正しい判断基準、ものの考え方を身につけ、
よりよい人生を送る術を学ぶ。

●定価＝本体1,600円＋税

子どもと一緒に素読するのに最適

「親子で読もう「実語教」」

お祝いやプレゼントにも

子どもにも分かりやすい解説、
読みやすい大判サイズになって登場。

●定価＝本体1,500円＋税